増補 山の村から世界がみえる

中学生たちの地域研究

堀 真一郎 監修
きのくに子どもの村中学校わらじ組 著

黎明書房

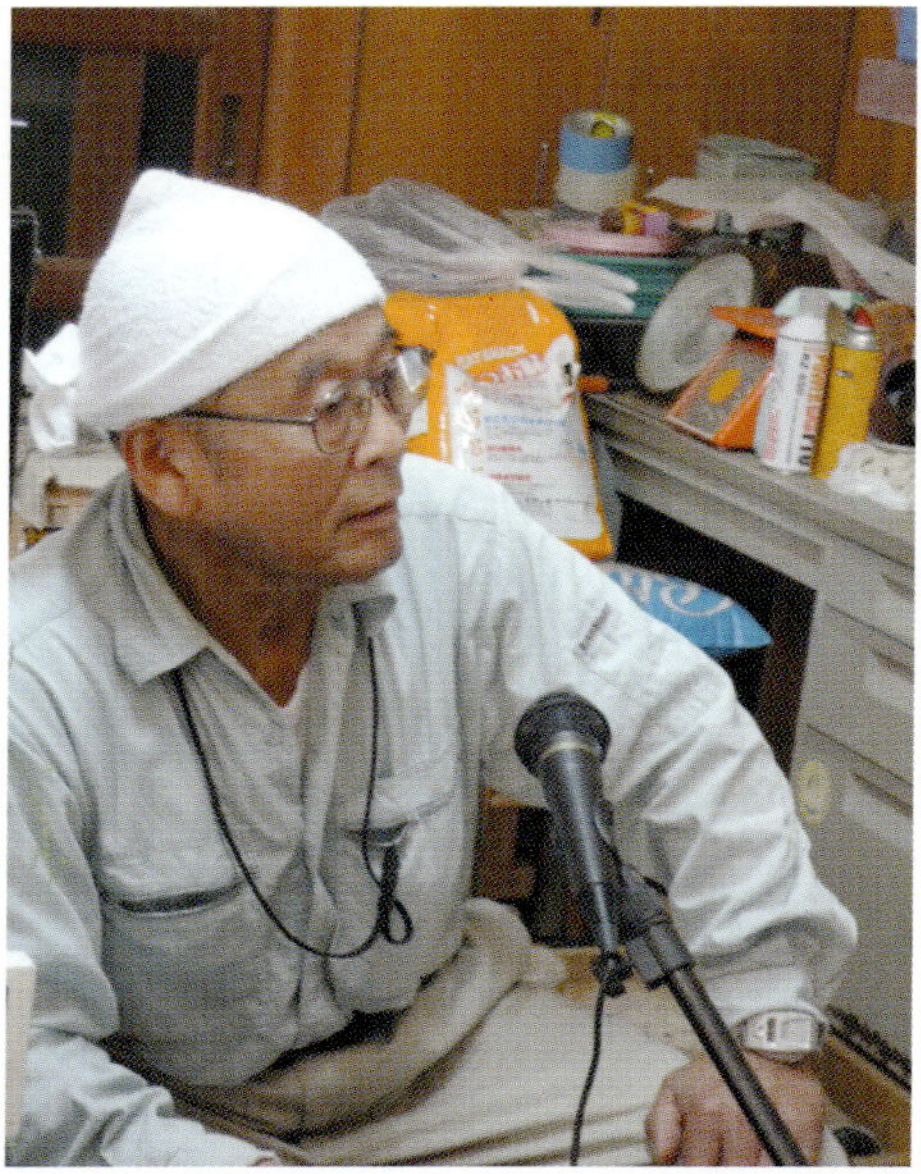

彦谷区長（当時），岡室猛彦さん。たくさんのインタビューにひとつひとつ丁寧に答えてくださいました。

彦谷はたくさんの自然に囲まれており，風がとても気持ちいいです。

区長さんの家へ向かう途中。みんなはりきっています。

橋本市役所にお話をうかがいました。とても緊張しましたが，いろいろなことを聞けました。

パソコンでの編集作業。頭の痛くなるような仕事ばかりでしたが，みんな一生懸命に取り組みました。

彦谷の風景を見ていると癒されます。

きのくにではみんないつも笑顔です！

増補版への序――山の村の過疎化は進む

和歌山県橋本市彦谷は典型的な過疎の村である。戦後間もない頃、村には百六十人あまりの人が住んでいたのに、前著が出た二〇〇九年にはわずか二十人になっていた。それから十年、お年寄りが何人も亡くなって、今では村に住民票があるのは二名の転入者を含めても十人あまり。過疎化の進行は止まらない。

しかし今、この村はにぎやかだ。子どもたちのやかましい声が響きわたっている。一九九二年に、きのくに子どもの村学園が開校したのだ。自己決定、個性化、体験学習を大事にするユニークな私立校だ。学校ができる前は、区長の故・岡室猛彦さんはじめ村の人たちは「もうあかん、村が死に絶えてしまう。地球上から消える」と悲痛な声を上げていた。村は生き残った。道もよくなった。しかし本来の村の姿とはいえない。なぜ過疎化は進むのか。どんな手立てがあり得るか……。村人の町との往復に学園の通学バスを利用する、花の咲く木をたくさん植えて「花の村」にする、養鶏を復活させる、鉱泉の宿をつくる、特産品となる食材を栽培する、等々。学園の中学生のグループが今も真剣に考え続けている。

二〇一九年六月

堀　真一郎

学園長からのごあいさつ

「このままでは村が死んでしまう」

村の区長さんが悲痛な声を上げる。何人かの村人が続ける。

「じっちゃん、ばっちゃんばっかになってしもうた」

「学校がのうなって、子どもの声が聞こえん」

「さびしいのう」

時は一九八四年の秋、ところは和歌山県橋本市の彦谷地区である。住民の数はすでに三十人を切っていた。五十年前は、子どもだけで百人近くいたという。極端な過疎化のすすんでいる村なのだ。

二十五年後の二〇〇九年、昔からの住民はとうとう二十人ほどになってしまった。しかし村には元気な子どもたちの声がひびきわたっている。一九九二年、きのくに子どもの村学園という私立の学校が誕生したからだ。小中高の子どもが二百人あまり、そして大人が四十人ほどいてにぎやかになった。道路の改修もすすんだ。村は生き残ったのだ。

きのくに子どもの村学園。これはとても変わった学校だ。いろいろなことを子どもと大人が話し合って決める。一斉授業がほとんどなくて、個性が大事にされる。教科書やドリルの学習が少なくて、プロジェクト、つまり木工、料理、畑仕事など、手と体と、そして頭を使う自発的な体験学習が中心になっている。山の中の小さな学校だけれど、けっこうよく知られていて、見学のお客様が跡を絶たない。

さて、その変わった学校のとびきり変わったクラスが「わらじ組」である。なにしろ正式の担任がいない。プロジェクトも自分たちですすめる。困った時は「影の大人」にアドバイスを求める。「わらじ組」というのは、「二足も三足もわらじをはく欲張り集団」という意味だ。このヘンなクラスの中学生が、自分たちの村についてしつこく調べてできたのがこの本である。どうせ子どもの書いた本なんて、とバカにしないで目を通してやってください。

二〇〇九年十月十五日

学校法人きのくに子どもの村学園学園長　堀　真一郎

はじめに

この本をご購入いただき、誠にありがとうございます。この本は、わらじ組の先輩たちが過去に調べてつくった本を十分に参考にしてつくりました。また、彦谷の区長さんにもたくさんお話を聞かせていただきました。

私たちは、私たちの学校のある過疎の村、彦谷について調べてきました。この本では、彦谷の生活、文化や自然が、昔とくらべてどう変わってきているかや、今、彦谷にある問題などを紹介しています。たとえば、昔の彦谷では何を食べていたのか、どんな道具を使っていたのか、山や川がどのように変わってきたのかなどです。

昔の彦谷の暮らしには、知恵がたくさん詰まっていました。人と人とのかかわりも深かったようです。しかし、よいことばかりではありませんでした。冷蔵庫や車はなく、苦労もありました。今のほうが格段に便利になったのは事実です。彦谷を通してみると、世界が少し違って見えるかもしれません。

また、調べていくうちに、彦谷には、高度経済成長によって引き起こされた問題が、たくさんあることもわかってきました。過疎化、ゴミ問題、高齢化、林業の衰退で山が荒れたことなどです。この本がこれらの問題について、子どもからお年寄りまでたくさんの人に考えてもらえるきっかけになれば幸いです。

きのくに子どもの村学園　わらじ組

目次

第二章　昔の生活にはたくさんの知恵が詰まっていた　23

第一章　私たちの村と自由学校

ＪＲと南海電車の橋本駅から、国道三七一号線の山道を車で登ること約二十分。そこが和歌山県橋本市彦谷。山奥の小さな村です。山道をさらに登っていくと、とつぜん小さな学校が現れます。きのくに子どもの村学園は、世界でいちばん自由な学校です。

その中でもいちばん変わっているクラスが、私たちの「わらじ組」です。私たちが楽しく忙しく暮らしている村と学校を紹介します。

彦谷とは？

和歌山県橋本市、高野山のふもとにある山の中の小さな村が彦谷である。

名前の由来は、紀伊続風土記によると「彦谷の彦は彦山《ひこやま》弥《や》彦山《ひこやま》の彦と同じ義にして響き谷の義なるべし」とあり、「響く谷」という説がある。

しかし、はっきりしたことはわからない。今では過疎化がすすみ、住民登録をしている人は二十六人（二〇〇八年五月現在）だが、実際に住んでいるのは十八人しかいない。その中には、週の約半分を橋本や大阪で過ごしている人もいる。お年寄りが多く、静かな村だが夜の星空は格別だ。

和歌山県

橋本市・彦谷地区

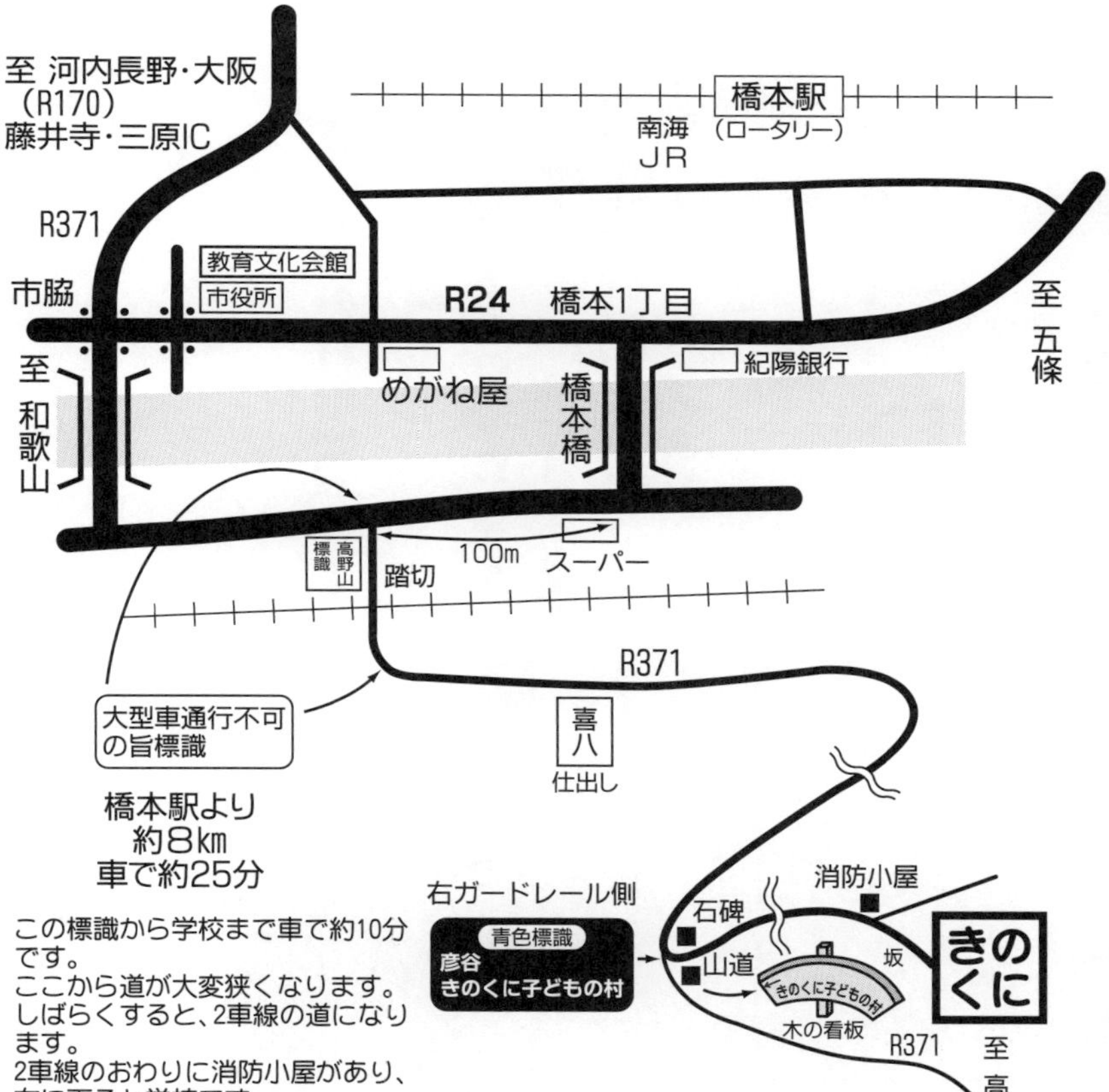

至 河内長野・大阪
（R170）
藤井寺・三原IC
橋本駅
南海
JR
（ロータリー）
R371
教育文化会館
市役所
市脇
R24
橋本1丁目
至
五條
至
和歌山
めがね屋
橋本橋
紀陽銀行
高野山標識
100m
スーパー
踏切
R371
喜八
仕出し
大型車通行不可
の旨標識
橋本駅より
約8km
車で約25分
右ガードレール側
青色標識
彦谷
きのくに子どもの村
石碑
山道
消防小屋
坂
きのくに子どもの村
木の看板
R371
きのくに
至
高野山
この標識から学校まで車で約10分です。
ここから道が大変狭くなります。
しばらくすると、2車線の道になります。
2車線のおわりに消防小屋があり、右に下ると学校です。

学園へのアクセス

一九九二年に「きのくに子どもの村学園」が開校した。今では子どもたちの笑い声が響きわたっている、彦谷でいちばんにぎやかな場所だ。

きのくに子どもの村学園とは?

学校法人きのくに子どもの村学園の歩み

一九九二年　きのくに子どもの村小学校開校
一九九四年　きのくに子どもの村中学校開校
一九九八年　きのくに国際高等専修学校開校
　　　　　　かつやま子どもの村小学校開校
二〇〇一年　かつやま子どもの村中学校開校
二〇〇二年　キルクハニティ子どもの村開設
　　　　　　(二〇〇九年　正式開校)
二〇〇九年　南アルプス子どもの村小学校開校

きのくに子どもの村学園は体験学習が中心で、子どもの自発性を大事にする変わった学校だ。自己決定、個性化、体験学習をキーワードにし、完全縦割学級や思いきった総合学習を取り入れ、各方面から注目されている。なんと宿題もテストもない。生徒数二百十五人（二〇〇八年五月現在）のうち、四分の三は寮で生活している。大人は「先生」と呼ばれずに「ホーリー」「まっちゃん」などあだ名で呼ばれる。男女も年齢も関係なくみんな仲良しだ。そして毎日おやつまであるのだ。

プロジェクト

総合学習は「プロジェクト」とよばれ、授業の中心にすえられている。小学校は週十四時間、中学校は週十一時間もある。自己決定、個性化、体験学習、この三つの原則が調和的に実行される学習形態だ。体験を通して、感情、知性、人間関係の各側面を統合的に伸ばすのが大事なねらいになっている。プロジェクトは毎年

活動内容が変わり、子どもは活動内容や担任の大人、友だちの顔ぶれをみて選ぶ。このプロジェクトがそのままクラスになる。そのためクラスは異年齢で構成され、人数も男女比もさまざまだ。

小学校には、工務店、おもしろ料理店、きのくにファーム、劇団きのくにの四つのプロジェクトがあり、それぞれ違うテーマをもって活動している。たとえば工務店では、「自分の身のまわりを楽しくしよう」というテーマがあり、今は古い家をリフォームしている。ノコギリを使って木を切ったり、ノミで柱にほぞをつくったり、すべて自分たちでする。失敗もあるし、計画通りにできないこともある。だからこそ、完成したときはうれしさや達成感でいっぱいになる。また、この家の面積や柱の数などは、「かず」(算数)の学習につながっている。

中学校には、動植物研究所、道具製作所、きのくに資料館、くらしの歴史館、わらじ組

の五つのプロジェクトがある。中学校になると、ひとつのテーマについてより深く研究し、活動していく。たとえば動植物研究所では、ビオトープをつくり、彦谷にいる生物の生態や川の水質を調査する。それらはすべて彦谷の貴重な資料になっているのだ。

ミーティング

子どもの村では、ミーティングがとても大切にされている。毎週木曜日に開かれる全校ミーティングでは、さまざまなことが話し合われる。小さい子のトラブルから学校のきまりまで、自分たちの身のまわりを楽しくするためにいろいろな議題が出る。多数決をするときは、大人も子どもも同じ一票だ。ミーティングをよりよくするために話し合うミーティング委員会まである。

自由学校が広がっていく

一九九八年、福井県にかつやま子どもの村が開校した。日本ではじめて、廃校になった校舎を借りて私立の学校を始めることができた。福井県勝山市は学園長の堀さん（堀真一郎）のふるさとでもある。

二〇〇二年には、イギリスのスコットランドにあるキルクハニティ校の施設をゆずり受け、キルクハニティ子どもの村を開設した。キルクハニティ校とは、一九四〇年にジョン・エッケンヘッドがスコットランドにも自由な学校をつくりたいと願ってできた学校だ。きのくに子どもの村のモデルのひとつにもなった。しかし一九九五年、イギリス政府は安全のため、あるいは防火のためにといろいろな設備を備えるように規制を強化してきた。この小さな学校における教育実験をやめさせるのがねらいだったのだ。一九九六年九月、文部省がおこなった調査の結果と改善命令が届いた。報告書は、建物や設備の不備、そして教育内容について問題点を指摘していた。施設面の改善は、どんなにお金のかかることだとしてもぜったいに不可能とはいえない。しかし教育の中身に対する注文には応じることはできない。何度も話し合いがおこなわれた。数ヵ

キルクハニティ

月後、ジョンは一九九七年七月末をもって学園を閉鎖することを決めた。しかし、このまま終わるのはとても残念だ。なんとか復活させたいというつよい思いで私たちの学園がゆずり受けた。いまでは毎年、子どもの村の子どもたちがプロジェクトや修学旅行、海外研修のときに滞在している。景色がきれいで広い芝生やブランコがある、とても居心地のいいところだ。

二〇〇九年の四月には正式な私立学校として再スタートした。

子どもの村にはたくさんの見学者がくる。海外からも訪ねてくる。テレビの取材も少なくない。最近はとくに、韓国からの見学者が多い。子どもの村をモデルにしてできた韓国の学校から修学旅行でくることもある。

きのくに子どもの村は、いまの日本の公立学校とは正反対の教育をしている。世間からは、学力は大丈夫なのか？　社会に出てやっていけるのか？　などという声もあるが、大丈夫だ。世間の人が思っているより、子どもの村の子はたくさん勉強している。ただし、勉強といっても机に向かってするものにかぎらない。じっさいに体験し、自分で考え、そしていろいろなことを試す。ときには失敗もするからこそ、また考え学ぶ。公立の学校と学び方が違うのだ。机に向かってする勉強よりも、自分で体験したことのほうが社会に出てから役に立つ。そしてなにより楽しいのだ。どうせ勉強するなら楽しいほうがぜったいにいいはずだ。

二〇〇九年には山梨県に南アルプス子どもの村が開校した。子どもの村以外にも、いま日本では自由学校が広がりはじめている。これからも私たちは、自由学校の見本として「こんな教育の方法もあるんだよ」と日本そして世界にむけてどんどん発信していく。

わらじ組とは?

わらじ組は、私たちの学園でいちばん変わったクラスだ。なんと担任の大人がいない(いざというときの影の大人はいる)。メンバーは少人数の七人。一年のテーマは決まっているが、プロジェクトの内容など多くのことを自分たちで進めている。今年のわらじ組の活動は主に二つある。

ひとつは、彦谷をとことん調べつくして資料として残る本をつくり、出版社から出版すること。もうひとつは、その本の内容を映像化したものをKWN（パナソニックが主催するビデオコンテスト）に出品することだ。

ところで「わらじ組」というヘンな名前はどうして生まれたのだろうか。ことわざに「二足のわらじを履く」というのがある。意味は、種類の違う二つの職業を一人で同時に兼ねることだ。「わらじ組」とは、まさにここからきているのだ。同時にいろいろなことをして、よくばりに活動したいという思いがこめられている。その期待どおり、私たちは、今年もよくばりに活動している。

第二章

昔の生活にはたくさんの知恵が詰まっていた

彦谷の生活は、昔と今では、大きく変わりました。たとえば、今では一日三食ですが、昔は五回食事をとっていました。なぜでしょう。また、彦谷は山の中にある小さな村で、昔は道があまり整備されていませんでした。そんなときに病気になったり山火事などの災害がおきたりしたらどうしていたのでしょうか。

彦谷の昔の生活には、地域特有の知恵やおもしろさがたくさんあります。よろしければ、みなさんの生活とくらべてみてください。

食事

彦谷では、自分の畑や田んぼでとれたものだけで家族が一年食べていかなければならなかった。大変だったのだ。

主食は麦だった。白米は値段が高いので玄米が多く、茶粥にして漬物と一緒に食べていた。茶粥だと少ない米で空腹を満たせるからだ。「ちゃん袋」という茶粥用の袋もあった。一食あたりの量は、米が五勺、水が六合だった。つまり米と水の比率は、一対十二だ。そういう工夫をしても、やはりすぐに空腹になってしまう。だから食事が一日に五回だった。今の朝食と昼食の間と、昼食と夕食の間にも食事をしていて、その食事は「けんずい」と呼ばれていた。

ほかには、ふくらし饅頭や、ウサギ、スズメ、サワガニなどを食べた。雨の日には、道がサワガニでいっぱいになった。バケツをもって外に出て、バケツいっぱいにサワガニをとっていたらしい。それを炒って食べたそうだ。「たきだい」という料理もよく食べていた。「たきだい」とは、彦谷の方言で、野菜を炊いたものだ。彦谷の区長さんによると、ジャガイモ、タマネギ、サトイモ、マメなど、彦谷でとれる野菜は何でも炊いて食べていたらしい。

食器はおわんが多く、箱膳というものもあった。箱膳とは、自分の食器をしまえる、台のようなもの（膳）だ。

おやつは、動物ビスケット、サツマイモ、柿の皮を干したもの、牛の目玉という砂糖を固めた飴玉などを食べていた。牛の目玉は今はなくなってしまったが、グリコのキャラメルはこの頃からあった。柿の皮は、干すと甘くなるので、砂糖などをつけずにそのまま食べていた。漬物を漬けるときに一緒に漬けることもあった。お菓子を買うときは、自分で橋本まで柴《たきぎ》を売りにおりて、もらったお金で買っていた。親が買ってくるということはなかった。買ったお菓子を山道を登っている途中にすべて食べてしまったという話もある。

箱　膳

ここで、彦谷名物の一つ、唐辛子味噌を紹介したいと思う。味噌といっても、味噌味の炒め物のようなものだ。つくって食べてみたが、味噌を入れすぎたのか、少し塩辛くなってしまった。

材料 ゴボウ二本、ダイコン二本、かまぼこ二本、ジャガイモ七個、あげ五枚、木綿豆腐三丁、ニンジン三本、田舎こんにゃく一枚、だし三袋、醤油（隠し味）適量、みりん適量、砂糖適量、タカノツメ（一味でもよい）適量。

作り方

① ゴボウをささがきにして、油で炒める。
② ほかの材料を細長く切る（ジャガイモは水にさらして、水を切ってから）。
③ ゴボウ、あげ、かまぼこ、だし二袋、こんにゃくをかき混ぜながら炒める。五分炒めたら、水を少し入れて、しばらく待つ。
④ ニンジン、ダイコン、ジャガイモを入れる（固いと思ったら水を入れる）。だしを一袋入れて、しばらく待つ。
⑤ 味噌をスプーン八杯、砂糖を適量入れる。
⑥ ジャガイモが煮えてきたら、豆腐を軽く崩して入れる。タカノツメ、味噌、砂糖で味を調える。

服

日本では、明治時代になって外国から洋服がはいってきた。それでも当時は和服を着ている人がほとんどだった。洋服はお金持ちが社交服として着たり、軍人や警官が制服として着たくらいだった。一九二〇年頃からようやく一般の人たちの間に洋服が広まりはじめた。ほとんどの女性は洋服を買うことは少なく、そのころ普及したミシンでつくっていた。一九三七年から日中戦争が始まり、一九四〇年には、男性は兵隊の制服に似た国民服を着るようにと国で決められた。子どもも男の子は国民服を着て、女の子は洋服にもんぺをはくようになり、おしゃれやぜいたくは禁止された。一九四一年に始まったアジア太平洋戦争から衣類が配給制となり、自由に買えなくなった。敗戦から五年ほどたった一九五〇年頃になってようやく、暮らしが安定して、普段着に洋服を着る

ようになった。

彦谷ではどうだったのだろう。区長さんに一九四〇年頃の話をきくことができた。日本全体と彦谷では少し違いが見られた。彦谷では服をつくっていなかった。蚕は飼っていたが、とれた絹は売っていた。そのため、すべて服は橋本市までおりて買っていたそうだ。区長さんが子どものときには国民服を着ることはなく、小学生は学校に行くときに学生服を着ていた。男の子は黒い学ランを着て、女の子はセーラー服を着ていた。学校から帰ってきたら、洋服を着ていた。国防色（日本陸軍の軍服の色。今でいうカーキ色）・赤・黒などの色だった。国民服は十四歳頃から着ていたが、ずっと着ていたわけではなく、戦争の訓練のときなどに着ていた。ふだんは、綿《わた》の入ったチョッキのような服を着ていて、農作業のときなどは、動きやすいように袖のない服（はんてん）を着ていた。区長さんは、「はんこさん」と呼んでいる。日本全体では、一九四二年から衣類が配給制になり自由に買えなく

なったが、彦谷では配給制ではなく、やはり橋本市で買っていたそうだ。写真は彦谷のとなり村、宿《やどり》に住んでいる東さんのものである。

家

昔の家と現在の家は、時代の変化とともに、つくりが異なってきている。ここでは屋根の移り変わりを中心に見ていきたい。

屋根

昔、彦谷では屋根はかやぶきだった。今はかわらの屋根だ。なぜ、かやぶきの屋根からかわらの屋根に変わったのか。それは、かやぶきの屋根は葺《ふ》き替えなければならないため、とても大変だったからだ。屋根を葺くというのは、屋根にかや

かわら屋根の家

を乗せる作業のことをいう。昔は「屋根ふさ」という屋根葺きを職業とする屋根屋がいて、そういった人々が屋根を葺き替えていた。「かや」は、ススキやチガヤなどのイネ科の植物のことである。しかし、この「かや」だけでは屋根を全面的に葺くのに十分な量がなかった。そのため彦谷では、村の人たちでつくった麦のもみがら（主に小麦がら）と合わせて使用していた。腐りにくいもみがらをかやと混ぜ、段々に重ね合わせてみんなの家の屋根をつくっていたのである。しかし、麦をつくらなくなって、屋根の材料がなくなってしまった。そのため、杉皮を用いるようになったのだ。その後、多くの屋根葺きに使用したために、この杉皮も減少してしまった。そこで新たに用いられたのがトタンである。

トタンとは、亜鉛でメッキした薄い鉄板のことで、屋根葺き・樋《とい》・塀《へい》などに用いられた。それと共に「屋根を葺く」という技術もなくなってきた。しかし、トタン屋根は長持ちせず、かわらの屋根へと変わっていった。

そのほかの特徴

そのほかの昔の家の特徴として、土壁があげられる。

土壁とは、粘りのある土を塗って固めた壁のことである。こまいという竹を組んだ下地に、細かく切ったわらの入った練り土を下塗りとして塗り込み、中塗りをしたあと、最後に漆喰《しっくい》などで仕上げの上塗りをする。

また、自分たちの生活をどれだけ楽にするかを考え、家の中にさまざまな工夫をしていた。

たとえば、昔は冷蔵庫がなかったため、涼しくて食料の保存に最適な北側を台所として、戸棚や食べ物などを置いていた。また、普段は区切られている部屋のふすまを取り外すと、一つの広い部屋になった。結婚式や葬式など、多くの人が集まることが多かったために広い部屋が必要だったのだ。

ほかにも、いろりの煙が部屋の中にこもらないように天井を高くしていた。その天井は煤《すす》で黒くなっている。

昔の人の知恵を、今の私たちの世代でも活用してみたいものだ。

土　壁

道具

昔の彦谷では、さまざまな道具を使っていた。その中には、今とは違う形をしていたものが多い。いったいどんな道具があったのだろうか。

風呂

昔の風呂は、五右衛門風呂といって、かまどの上に平釜を置き、その上に底のない桶《おけ》をのせ、下で薪《まき》をたいて沸かす風呂だった。入るときは、ふたがわりに浮かばせている底板を踏んで沈めてから入る。五右衛門風呂は、沸くのに一時間から三時間くらいかかり、その間は薪を入れつづける。

風呂は、自分の家で入っていたわけではない。

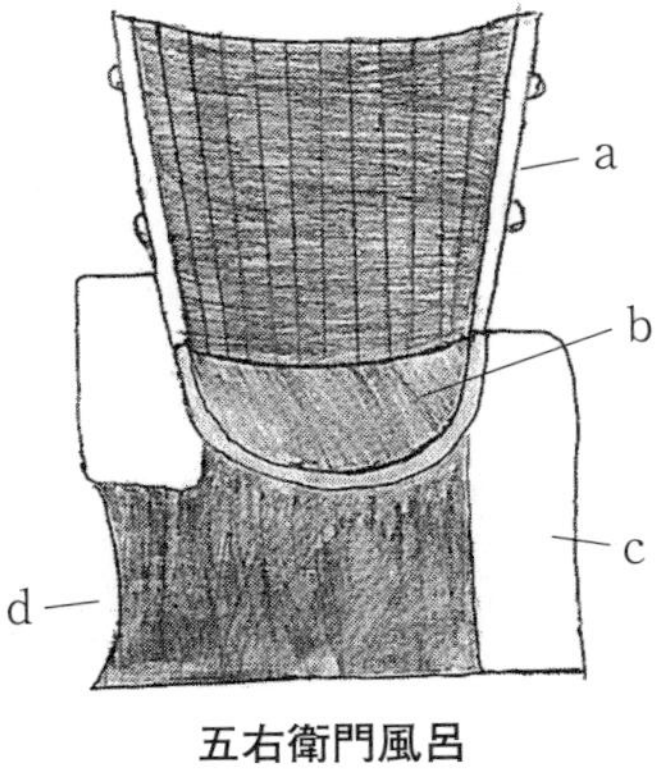

五右衛門風呂

横から見た断面図

a：底のない桶

b：平釜

c：かまど

d：ここに薪を入れる

水は貴重だったため、水のある家に行って入れてもらっていたそうだ。

暖房器具

今、冬になったら使い捨てカイロや電気こたつ、ストーブなどを使っている。当時もそのようなものはあったが、電気は使っていなかった。豆炭（豆のような形の炭）を「れんたんいこし」という道具で赤くなるまであぶり、石綿にはさんでこたつやカイロのかわりにしていた。

ストーブは達磨《だるま》ストーブというものがあった。形がまるで達磨のようなのでこの名がついた。一般的には、石炭やコークスを燃料としていたが、彦谷では薪を燃料としていた。胴体の前部に扉があってそこに燃料を入れる。後部には煙突があり、そこから排ガスを外に逃がす構造になっている。

達磨ストーブ

れんたんいこし

洗濯

昔は洗濯板を使って、洗濯していた。洗濯板というのは、木の板に刻み目があり、洗濯物を刻み目にこすりつけて汚れを落とす道具だ。

当時、水は貴重だったため、今みたいに新しい水を使うのではなく風呂の水で洗っていた。

夏の道具

夏といえばクーラーという人が多いだろうが、昔はクーラーどころか扇風機すらなかった。彦谷はあまり暑くなかったのでうちわがあればよかったらしい。区長さんは、「うちわほど便利なものはなかった。火をつけるときも扇げるし、暑いときも扇いで体を冷やせるし、蚊もこない。今の扇風機だったら火が消えてしまう」といっていた。

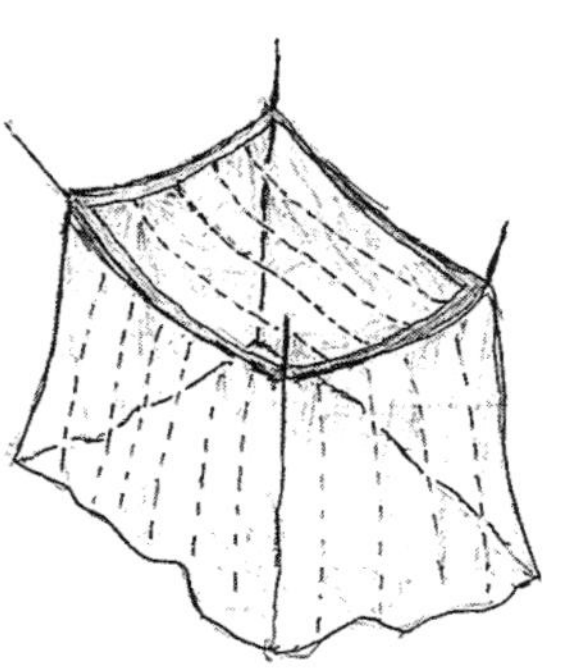

蚊　帳

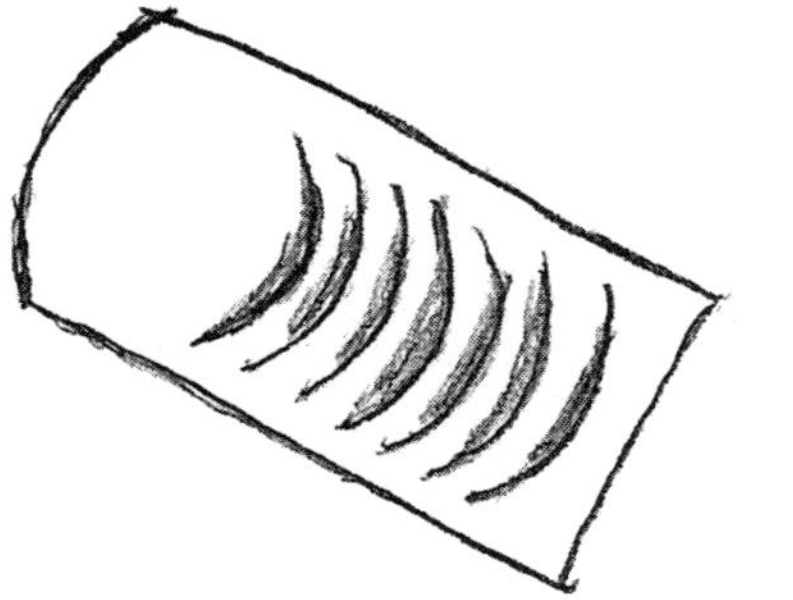

洗濯板

夏には蚊帳《かや》というものも使っていた。これは夜寝るとき、蚊をさけるために部屋に吊った。蚊帳にはほかに竹や金属の骨組みの上に布を張り、折り畳みができる子ども用の母衣《ほろ》蚊帳というものもあった。蚊帳は、電気を通さないので村の人たちは雷が鳴ったら蚊帳に入っていたそうだ。

火をつける道具

今では、簡単に火をつけることができる。バーナー、ライター、ガスコンロなど、どれも簡単に火がつき、安く手に入るものだ。

昔はマッチを使っていた。今でもマッチはあるがほとんど使われなくなってきた。

ほかにも火吹き竹というものを使っていた。これは火力を上げるときに使う道具で、節に小さな穴をあけて、息が強く吹き出るようになっている。

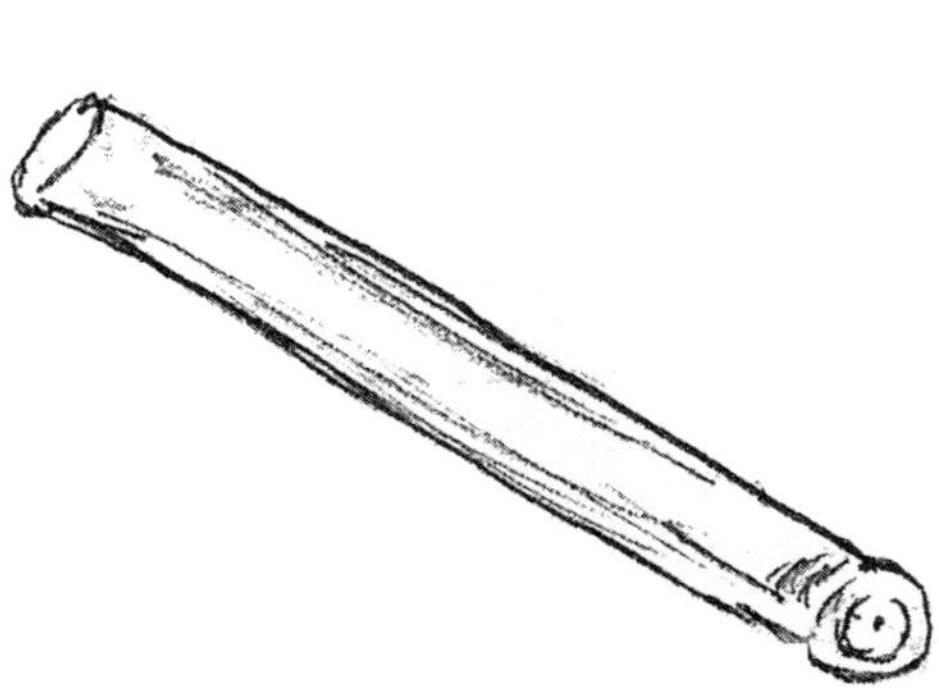

火吹き竹

道具をしらべて考えたこと

昔の道具が今のようになってきたのは、一九五五年頃からの高度経済成長期からだ。この頃から道具が大きく変わった。

それまで火をつけるときはマッチで火をつけ、火吹き竹で火力を上げていたが、バーナーなどに変わって火をつけるのが簡単になった。達磨ストーブは、燃料が薪から灯油などに変わった。こたつとカイロは、豆炭ではなくなった。こたつは電気炬燵になり、カイロの中身は砂鉄になって、何回も使っていたのが使い捨てになった。うちわは使われることが少なくなり、扇風機、クーラーが多く使われるようになった。ほとんどの道具がいつでも買えて、電気で動き、時間がかからなくなり、便利になった。しかし、なんでも簡単に手に入ると、物がなくなっても探さず、また買えば大丈夫と思い、買ってしまう。買ったあとに見つかっても「古い」などといって捨ててしまう。それに使い捨ての物が多くなった。そうするとゴミの量がふえてしまう。

道具のことだけではなく、水の使い方も変わった。食器や洗濯物を洗うときなど、今も昔も生活には水が欠かせない。昔は水道があまり整備されておらず、タンクに雨水をためておいたり、川から運んだりしていた。だから水はすごく貴重だった。今では水道がちゃんと整備され、簡単に水が使えるようになった。しかし、都会の人や若い人は、水が貴重だったときの苦労を知らない。だから、貴重だと思う人が少なくなっていき、水を流しっぱなしにする人などがでてきた。区長さんや村の人など、水を貴重だと思っている人は流しっぱなしにしない。水道がなかった時代をすごしてきたからだ。

たしかに生活は、やはり便利なほうがいい。昔は、手仕事で時間も労力もかかった。今では時間がかからなくなり自由にすごせる時間がふえ、あまり疲れない。しかし、便利になったけれどお金で何でも買えてしまうので、修理したらまだ使えるものも捨ててしまったり、なくしたものを探さなかったりする。それに手や食器を洗うときなどに水を流しっぱなしにする人がいる。

それはよくない。

使う人が注意すればいいのだ。昔はものが壊れてもまた直して使っていた。それに水も無駄にはしなかった。今も昔のようになくしたらあきらめずに探せばいいし、ものを大事にすればお金もかからないしゴミもふえない。今の便利な道具でも、昔のようにいつまでも大事に使うことができるはずなのだ。

学校

彦谷には一九八七年まで小学校があった。昔の授業内容は今とほとんど変わらないが、第二次世界大戦が終わるまでは、修身という授業があったらしい。修身とは、自分のおこないを正し、身を修め、整えることである。じっさいには、悪いことをしてはいけないということなどを教えていて、今でいう道徳の授業と同じようなことをしていたそうだ。

一九三〇年代中頃の彦谷小学校では、子どもたちは、みんな着物で行っていて、履物は草履だった。給食がなかったので、

彦谷小学校

弁当を持って行った。家に帰ったら仕事をしなければならなかったので、勉強は夜にカンテラを灯してしていた。

次に、わらじ組の先輩が彦谷にお住まいの成尾さんにインタビューさせていただいたものを抜粋して紹介しよう。

Q　学校生活はどうでしたか。
A　私の時代はみんな着物で学校に行ってたよ。それに履物は草履だった。
Q　学校へは毎日行っていたのですか。
A　私はどんな日でも行っていたよ。自転車を買ってもらったことがあったけど、道が狭かったからようこけとった。
Q　成尾さんにとって先生はどんな人でしたか。
A　先生はとてもやさしい人だった。私は足がよくなかったから、雪が降った日は先生が付き添って帰ってくれた。私は勉強があんまり好きじゃなかったけど、音楽は好きだった。外国の曲を先生が教えてくれて何回も練習したよ。そんで、先生に対しては偉い人だと思っていたから、礼儀はちゃんとしていた。

友だちとは木の上に登ったり、よその家のサツマイモを盗んでそのまま生で食べたりしていた。自分らがサツマイモを盗らんでも、ほかの人が盗っていってしまうんよ。そういう時代やったけど、私たちは生きてこれたから悔いはないよ。

（わらじ組編『山の中から彦谷を』三三―三四ページ。）

昭和の後半になると、過疎化が進み、彦谷から人がどんどん減っていった。一九八四年八月二十五日には、「彦谷校を守る会」が結成された。区民総会で、過疎化の進む彦谷小学校・隅田中学校彦谷分校をどうするかについて熱心に研究討議した。橋本市教育委員会との懇談会もおこなった。

今の彦谷区長さんは、子どもをふやし、小学校も存続させて過疎化も防ぎたいと思い、生徒の里親になるという里親制を提案した。

そして、区長さん自身も里親になり、女の子を一人育てた。それでも過疎化は進み、最終的に彦谷小学校は、一九八七年三月十九日、卒業生一名で最後の卒業式と休校式がおこなわれ、休校になってしまった。

彦谷区長さんは学校のことにとても力を入れておられて、子どもの村の学校が彦谷にできたことについても、「またにぎやかになるからありがたい」と喜んでくださった。今、彦谷にあるゴミ処理場があと数年で埋まるので、埋まってできた空き地を人が集まるような場所にして、彦谷をもっとにぎやかにしたいものだ。

彦谷小学校の歴史

一八七四年 長保《ちょうほう》小学校として創立（義務教育年限は四年）
一八八五年 凶作続く。やむを得ず閉校。凶作は三年後まで続く。
一八八八年 彦谷簡易小学校と改称される。
一八九三年 須河《すごう》、谷奥深《たにおぶか》、南宿《みなみやどり》及び彦谷の簡易小学校を合併する。
一九〇九年 義務年限が六年になる。
一九一七年 小学校校舎が完成。彦谷四十番地に移転。
一九四一年 恋野第二校区民学校と改称される。一九四五年高等科が新設される。八月十五日、日本敗戦。正午ラジオを通じてポツダム宣言受諾の詔書放送。
一九四六年 新憲法発布記念式がおこなわれる。
一九四八年 恋野中学校彦谷分校の開校式がおこなわれる。学用品売買部が設置される。

文庫が設置され、約五千円の図書が購入される。学校給食が始まる。

一九四九年 新運動場を使い始める。

一九五三年 水害により校舎が倒壊する。新校舎で授業が始まる。海まで流された校長印が母校に戻る。

一九五五年 橋本市誕生。学校名が橋本市立彦谷小学校と改称される。

一九五七年 創立八十周年記念式典。

一九七五年 小学校が赤在《あかざい》の新校舎に移転する。

一九七九年 プール完成。

一九八四年 「彦谷校を守る会」が結成される。

一九八七年 最後の卒業式がおこなわれる（卒業生一人）。同じ日に休校式がおこなわれ、休校に入る。

きのくに子どもの村学園の前身「新しい学校をつくる会」が学校施設の譲渡を市に打診。村と会で共同の運動会を開く。

一九九二年 彦谷校の譲渡は市に認められず、自前の建物できのくに子どもの村小学校が開校。

一九九四年　きのくに子どもの村中学校が開校。彦谷校は社会福祉法人橋本福祉会彦谷作業所として再開。
一九九八年　きのくに国際高等専修学校が開校。
二〇〇六年　作業所の移転に伴い、彦谷校が子どもの村に貸与される。

仕事

生活には欠かせない「お金」。

彦谷に住んでいた人たちは、どのような方法で収入を得て、何にお金を使っていたのだろう。

昔の彦谷の仕事

今のように車やテレビがなかった時代、一九五〇年以前に彦谷に住んでいた人は、主に「高野豆腐」「養蚕」「林業」の三つの仕事で収入を得ていた。ほかに、農業、炭焼きを仕事にしていた人もいたが、あまり収入のあてにはしていなかった。農作物と炭は、その頃の生活にとても必要なものだったため、そのほとんどは自分たちの生活に使っていたそうだ。

収入は、生活必需品である服や道具、食べものを買うお金に使っていた。でも、村のほとんどの人が自分たちの畑でつくったものを食べて生活していたので、橋本までおりて食べものを買うことは少なかった。

高度経済成長期が来た

一九六〇年頃、日本経済はグーンと成長した。いわゆる高度経済成長だ。高度経済成長は一九七〇年頃まで続いた。そのときに、今では生活に欠かせない車やテレビなどが、全国的に普及し始めた。

それにともなって生活に必要なお金の額もふえ始めた。そうなると、収入をふやさなければいけなくなって、農村や山間部では、都会へ働きに出る人々が急増した。その結果、過疎地域がふえた。その過疎地域の一つが彦谷だ。

人が少なくなったわけ

彦谷の人たちは、このままの仕事では高度経済成長に対応できる収入を得られないと思い、今までしていた仕事をやめて、下の町へと出稼ぎに行くようになった。区長さんは近畿電気工事という会社に勤めていた。もちろん、彦谷で働いているときより高い収入が得られた。しかし仲間が感電したのを見て、区長さんは「こんな危険な仕事はやめよう」と思って退職した。

小西のおばあちゃんの息子さんも出稼ぎに行った。息子さんは南海バスの運転手だった。はじめは彦谷を離れず、大阪まで毎日通勤していた。昔は、道ががたがたで、歩いて山を往復していたそうだ。そのうち橋本でアパートを借りて、そこから、通勤することになり、その結果、山をおりることになった。

このように、最初のころは出稼ぎに行っても彦谷まで帰っていたが、道が悪いため、下の町で暮らす人がふえてきた。そうなると彦谷に住んでいた人たちが減る。こうして過疎へとつながっていった。

高度経済成長の影響によって衰退した仕事

林業

一九六〇年代の日本では、木材の需要が高かった。震災や空襲があり、都会では家がたくさんなくなった。家を建てなおすためにたくさんの木材が使われた。また、木材はかまどやいろりなどで使われる木炭にも必要とされていた。

そこで国は、林業を始めた人に補助金を支給することにした。そのため、全国的に林業をする人がふえた。山に木を植えて、その木を木材として売ったほうがお金がもっと手に入ることを知り、彦谷でも林業をする人がふえた。

しかし、同じ頃、「木材輸入自由化」が始まった。日本は木材を国外から輸入できるようになったのだ。国内の木材が売れなくなった。国内の木材は質はよいが大量に仕入れることができない。国外の木材は質もよくて、値段も安くて、いっぺんにたくさんの量の木材を仕入れることができる。外国の気候は木が生長しやすく、一本の木の直径が一メートルにもなるそうだ。一本の木からたくさんの木材をつくることができる。そのため、値段が安いのだ。そうなると、国外の木材のほうが売れる。国内の木材は人気がなくなり売れなくなった。

また、高度経済成長により、人々は木材をあまり使わなくても生活ができるようになっていった。木炭を使うかまどやいろりはなくなり、ガスコンロが出てきた。木造住宅も減り、コンクリート住宅へと変わっていった。そうなると、木が売れなくなる。必要のなくなったものをつくり続けても意味がないし、お金も手に入らない。そうして、林業をやめていく人がふえた。

こうして、彦谷の林業はすたれていった。

今でも彦谷には、そのときに植えられた木がそのまま手入れもされずに残されている。その木の影響で環境に大きな変化が起こっている（第五章参照）。手入れのされていない木の下はとても暗い。明るくなる日はいつ来るのだろうか。

炭焼き

炭焼きは、林業のできない季節（冬）にしていた仕事だ。昔は生活のさまざまな場面で炭を活用していたが、電気やガスが出てきたためにどんどん使われなくなっていった。彦谷の人たちも炭焼きをやめていった。

高度経済成長以外の理由でやめてしまった仕事

養蚕

養蚕は彦谷に住んでいた人のほとんどがしていた。蚕の出す絹糸は高く売れ、一九一九年頃が最盛期でよい収入源だった。

だが、戦争が始まり、食料が必要になり、蚕のエサの桑の木を切って畑にすることになった。

蚕は桑の葉しか食べない。桑の木を切ったら蚕を育てられない。こうして養蚕をする人が減った。

一九二〇年代中頃、スフなどの化繊糸ができて蚕の出す絹糸が売れなくなったのもやめた理由のひとつである。

高野豆腐

高野豆腐とは、氷室《ひむろ》という氷の入っている部屋（今でいう冷蔵庫）で凍らせてつくる、豆腐のことである。

北海道では、「凍《こお》り豆腐」、大阪では「ちはや豆腐」と呼ばれている。

昔、このあたりでは野迫川《のせがわ》が高野豆腐で栄えていて、区長さんのお父さんをはじめ、いろいろな人が、出稼ぎに出ていたそうだ。彦谷では外につるして、自然の温度で凍らせてつくっていたが、時代が進むにつれ、気温が上がり、高野豆腐が凍らなくなった。そのため、高野豆腐づくりをやめていく人々がふえた。

高度経済成長と人々

高度経済成長期に入り、あらゆる便利なものがあらゆる家庭に置かれるようになった。テレビや洗濯機、冷蔵庫に車など、今では絶対になければならないものばかりだ。しかし、そのような便利なものが出てきたために、それらをつくる工場から産業廃棄物が出るようになり、自然環境が悪くなった。彦谷のような過疎地域がふえる原因にもなった。

確かに、昔は不便だったし、もっているお金も少なかった。区長さんも、今と昔を比べると今のほうが便利でいいといっている。やはり、今のような便利さを一度体験したら、昔の生活へ戻りたいとは思わないのだろう。特に私たちのように不便を知らない若者がまったく電化製品を使わずに暮らすというのは難しいだろう。

しかし、高度経済成長の影響で起こった環境問題や過疎問題を知って、今の便利な生活を一度見直してみる必要があると思った。それに、昔を懐かしむように話す彦谷区長さんの話を聞いて、お金もなく、便利なものがないところでもみんなで助け合い、楽しく過ごしていたことがわかった。昔の暮らしの方が人と人とのつながりを大事にできる。区長さんもそういう。私も、人とのつながりがある生活っていいなと思う。

そう簡単にはいかないが、まずは、掃除を掃除機ではなくほうきでしたり、野菜を育てて料理をしたり、車を使わず歩いてみたりしたい。生活の中で助け合うということを大切にしたい。昔の生活に少しずつ近づければいいと思う。

過疎や自然破壊の問題を解決したい。でも便利な生活も失いたくない。どうしたらいいのだろう。でも、今のこの便利な生活のうらで過疎問題や環境問題が起きていることを多くの人に知っていてほしい。

交通

彦谷には電車もバスもない。交通手段はマイカーか橋本駅からのタクシーだ。今は一家に一台は車があり、彦谷の人も車で移動する。昔はどうやって下までおりていたのだろう。

車がない頃

区長さんは小学生の頃、よく下の町まで柴《たきぎ》や作物を売りに行っていたそうだが、そのときは歩いて行っていた。昔の人は足が丈夫だったんだなと思う。

彦谷は山の中腹にある地区で、山のふもとには橋本市、山の上の方には高野山がある。そのため、彦谷には橋本から高野山やその周辺地区へ荷物を運ぶ道が通っていた。

まめ街道

彦谷を通るまめ街道は名前のとおり豆を運ぶ道だ。江戸時代末期から明治、大正末期頃まで使われていた。

　橋本まで貨車で運んできた大豆を奈良県野《の》迫《せ》川《がわ》野川まで運ぶ。野迫川では高野豆腐づくりが盛んにおこなわれており、高野豆腐をつくるために豆が運ばれていたのだ。彦谷から野川まで、一二〇キロメートルもあり、ふつうに歩いても約五時間はかかる。その道のりを、重い荷物をかかえて歩いたということに

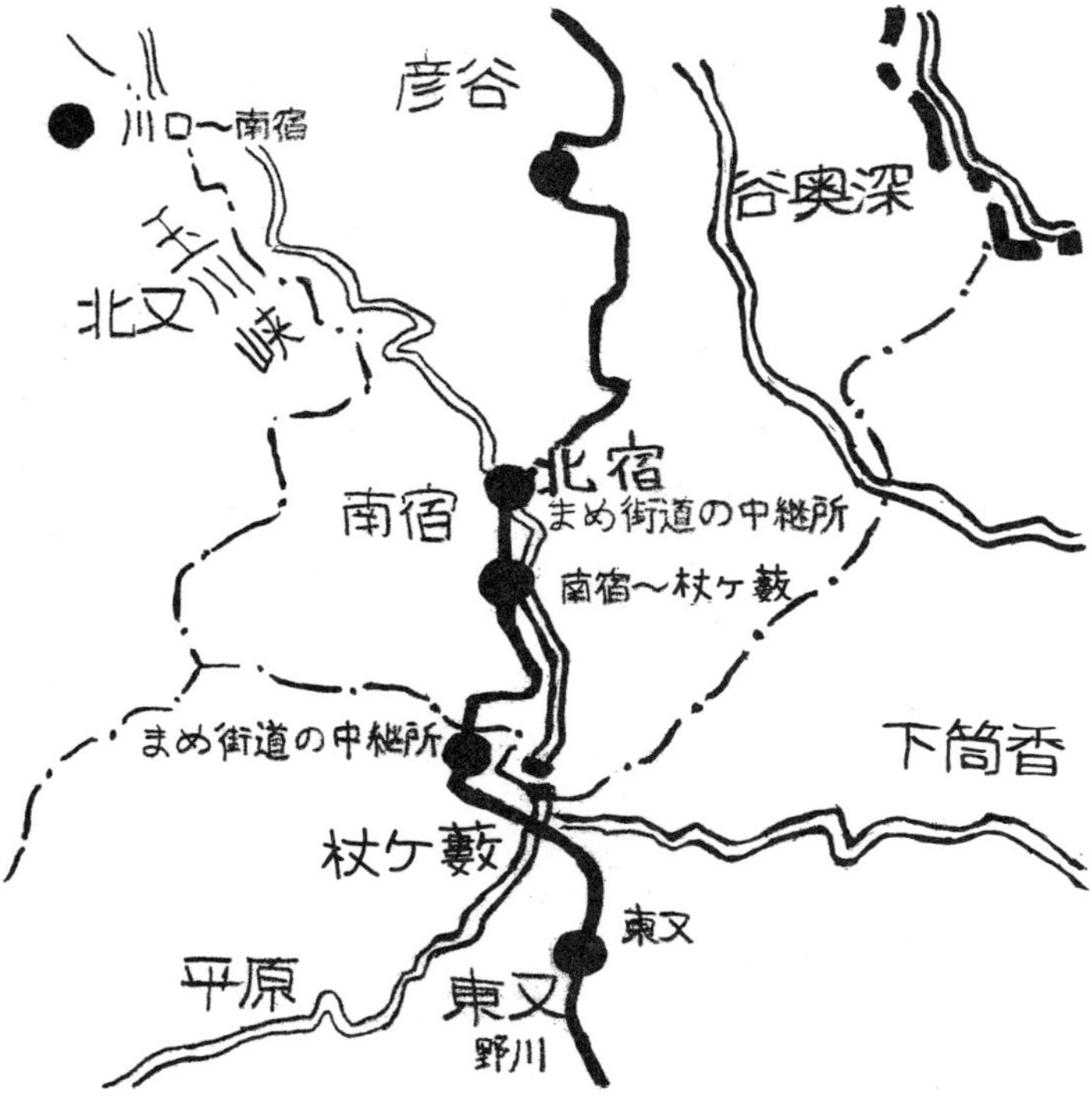

まめ街道の道のりは長い

驚きだ。

まめ街道はいくつかあったようだ。

橋本～彦谷～北宿《きたやどり》～筒香《つつが》～野川

橋本～彦谷～北宿～南宿《みなみやどり》～杖ケ藪《つえがやぶ》～野川

橋本～彦谷～七霞山《ななかすみやま》～筒香～野川

橋本～彦谷～七霞山～下筒香《しもつつが》～野川

以上の四つが今わかっているコースだ。

これは女の人の仕事で、男の人はその間、山仕事をしていたらしい。昔は女の人も力仕事をしていたのだ。ほかには、牛に運ばせたりもしていたそうだ。

紀和索道《きわさくどう》

まめ街道では人が豆を歩いて運んだり、牛に運ばせたりしていた。

だが時代が進むにつれ、一九一九年からは索道という方法に切り替わった。索道とは空中を渡したロープを利用して荷物を輸送する方法である。いわゆるロープウェイだ。

紀和索道の終着地も野川だった。経路は、橋本町妻の浦から九度山《くどやま》町川口を経由して、野川までのびていた。運んでいたものは、行きは豆、帰りはできあがった高野豆腐などだ。

昔の人のたくましさ

昔の人のたくましさはすごい。区長さんは子どもの頃、歩いて橋本まで行っていたし、高野豆腐の豆を運ぶまめ街道では、運ぶのは女の人だった。昔の人は、女の人も子どももみんな強かったのだ、とびっくりさせられる。

私たちは普段歩くことが少なく、電車やバス、車などを使っている。今回このことを知って、歩く回数をふやそうと思った。

現代人のみなさん、歩きまくりましょう！

昔の人のようにたくさん歩いたら、彦谷区長さんのように元気いっぱいな人になるかもしれませんよ。

警察

彦谷には警察がないが、事件などがあったときは橋本市の赤塚駐在所に行っていたそうだ。彦谷にも盗みなどの事件があったらしい。泥棒が山の中に入ってきて、炭焼きの小屋にたてこもったこともあったそうだ。

今、「現代は治安が悪いというが、事を大げさにいっているだけで昔も今も一緒」と区長さんはいっている。

病院

近くに病院などがない彦谷では、怪我をしたらどうにもならない。そのままにしておいた。

血が止まりにくかったら、傷口につばをつけて、手でピッピとのばした。出血がひどい場合はヨモギなどをとってきて、ねったものを傷口に血が止まるまでぬって、血が止まったらそのままにしていたらしい。

だから、子どもの体には常にかさぶたがあった。

熱が出たときは、ぬれたタオルに乾いたタオルを巻いた手づくりの湿布を胸にあてて、安静にしていたら治ったそうだ（わらじ組編『わらじ八足』四八—四九ページより引用）。

命にかかわる病気や大きな怪我をしたときは、彦谷には車などがなかったのでリヤカーや戸板に人をのせて橋本市の病院まで山道を歩いていった。

区長さんが子どものころは医療保険がなかったので費用は自分で出していた。

区長さんの親の時代は、近くの村の富貴《ふき》というところから往診にも来ていた。

彦谷から富貴までは約五キロメートルある。

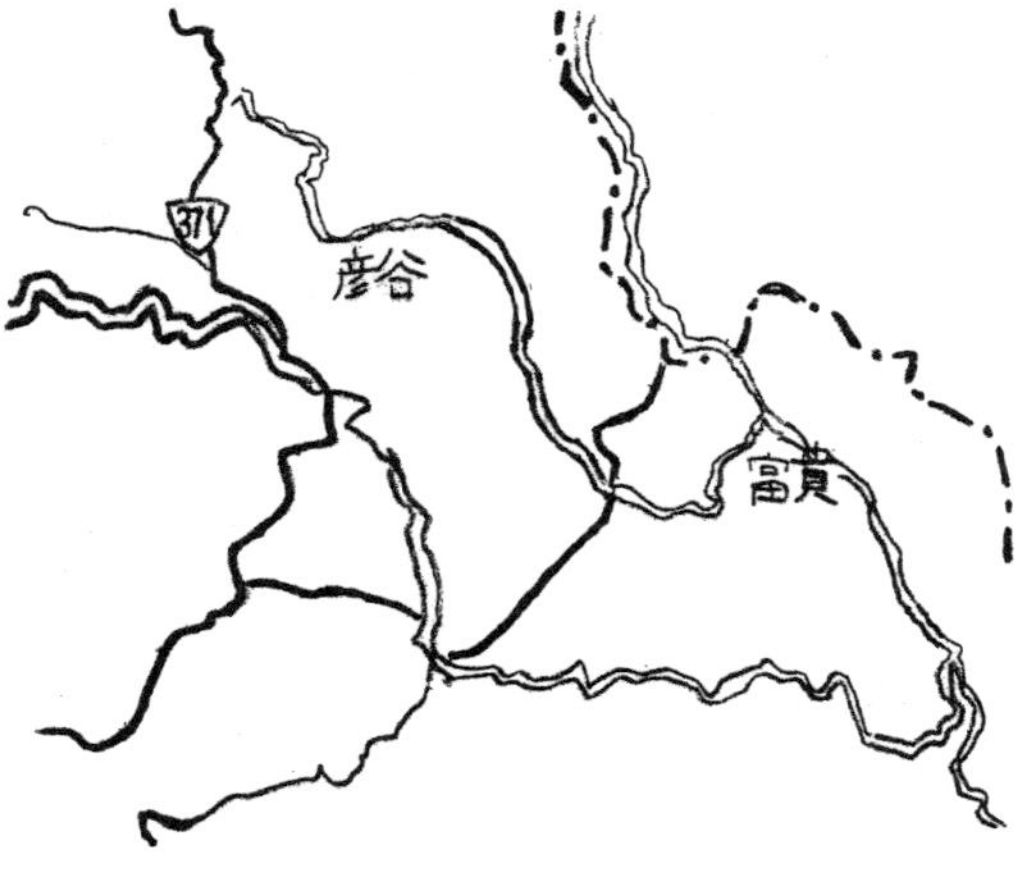

消防

彦谷に消防署はない。代わりに、村に消防団というものがあったそうだ。

驚いたのが、その消防団は山火事専門だったことだ。やはり山の中だと山火事のほうが多く、怖かったのだろう。一家から一人は消防団に入っていたらしい。

火事になったら、火が消えるまで守《も》りをしていた。守りとは火の番のことだ。

彦谷は山の中なので水がない。そこで、水の代わりに土をかけたりして、火がおさまるまで待っていたらしい。

大きな火事のときは火がおさまるまで、一週間くらいかかったそうだ。

家の火事はほとんどなかった。区長さんが子どものときに一件あっただけだった。

水がなかったので、村のみんなが火事にならないように火のあつかいには気をつけていたようだ。

災害

いろいろなところで起こっている災害。彦谷でも起こっているはずだ。今回は彦谷の区長さんに彦谷で起こった災害の中でもとくにすごかったものを教えてもらった。

何百年も前の話

彦谷の区長さんも生まれていない何百年も前、山が割れるほどの水害があった。

当時、村の人たちは今の彦谷のあるところには住んでいなかった。今の彦谷のあるところは赤在というところだった。

だが、その水害があまりにもすごかったため、彦谷村に住んでいた人たちは、被害の少なかった赤在へと移り住んだのだった。七十年くらい前までは、そのときに割れた山の肌（赤砂）が見えていたそうだ。

川の砂は普通は、黒い。でも、彦谷の水源地の川の砂は赤い。これは、水害のときの影響によるものだと区長さんはいう。

紀州大水害

紀州大水害（昭和二八年水害、七・一八水害とも呼ばれる）は、一九五三年七月十七日から七月十八日にかけて起こった。これにより受けた被害は、和歌山県全体で死者六百十五人、行方不明者四百三十一人、被害者数九万九千五百九十八人、全壊した家屋は四千二百三十一戸、半壊も五千八百二十戸、流失した家屋が四千四百五十一戸、浸水した家屋が二十七万三千九百九十七戸、被害総額はなんと約八百八十億円にもなるそうだ。被害地域は和歌山県内の貴志川、有田川、日高川を中心に県内全域におよんだ。花園村（現在のかつらぎ町花園）は山腹崩壊と土石流により中心集落が壊滅した。

彦谷も被害にあった。谷という谷はほとんどが埋まってしまい、山が崩れて川に流れ、田んぼも埋まった。家も一軒だけ被害にあった。その家は山に押されて区長さんの家の田んぼまで流されてきたそうだ。その家に住んでいた人は屋根を壊して出てきて助かった。ほかの家はさいわい被害がなかったため食べ物の心配などはなかった。

彦谷小学校と中学校の被害もたいへん大きかったらしい。そのときの様子を区長さんにくわしく教えてもらった。

明け方三時か四時頃、区長さんは村の人に「大変なことになっている！」と呼ばれて、小学校を見に行ったそうだ。校舎は大量の水で半分くらい埋まっていた。とうぜん、校舎には入れない。区長さんは水に浸かっていない山の上に上った。すると向こうの山の下から地響きが聞こえたそうだ。山は崩れ、山の木も崩れた。その土や木で彦谷小学校は埋まり、水がせき止められた。つまり、ダムのような状態になったのだ。だが、校舎の窓から水が出て行き、その水は小学校校舎の下にある中学校校舎へと流れていった。そして、中学校の運動場の土を流し、中学校校舎は浮いた状態になった。そのあと、校舎はくるくると回りながら川の流れに飲まれていったそうだ。その後、中学校校舎は跡形もなく消えてしまった。

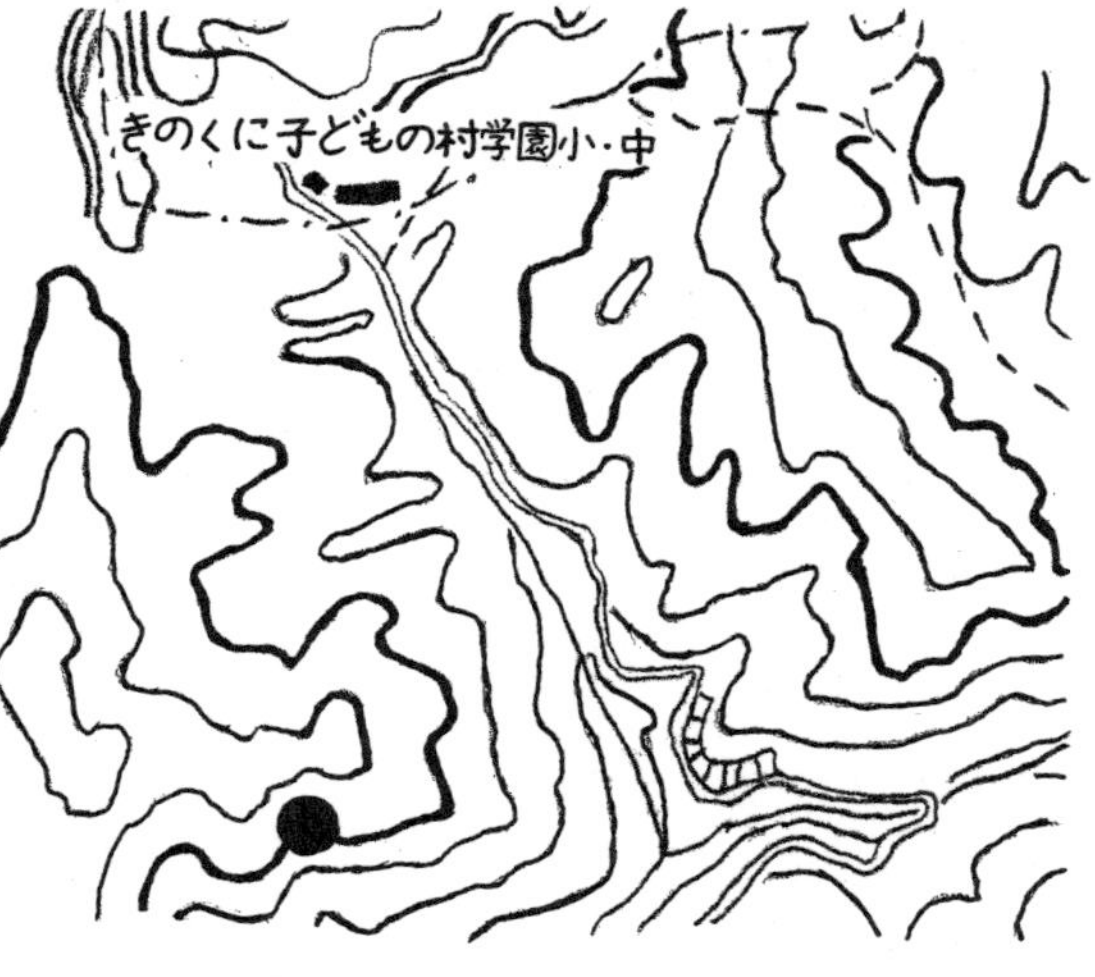

●印のところに小学校があった

これだけ大変な水害だったが、彦谷では亡くなった人はいなかった。この水害は和歌山県の歴史上、最悪の気象災害だったそうだ。

一九九七年の台風

一九九七年、彦谷に大きな台風が来た。堀さんの話によると、きのくにの学園の校舎は、台風の影響を受けにくい場所にあるのでほとんど被害はなかった。だが、彦谷に電気を送っていた電線が切れ、電気がなくなっては授業ができないため、一週間も休校になった。きのくにの寮ではベランダの屋根がグラウンドへと吹き飛んでいき、大変だったそうだ。彦谷の山も崩れ、道をふさいだ。区長さんの家では床の下に水が入り込み、家が浮き上がったという。

二〇〇一年の水害

二〇〇一年六月二十日に水害が起こった。彦谷の近くの北又《きたまた》では、道路の一部が数ヵ所崩壊し、北又川にかかる北又橋は流された。北又橋が流されたため、北又は孤立状態になった。このとき、彦谷のそばを流れる丹生川《にゅうがわ》ではいろいろなものが流しそうめんのように流されていったそうだ。

災害の話を聞いて気づいたこと

紀州大水害の話にはびっくりした。きっと人が百人集まっても建物は動かせない。しかし、紀州大水害の水の力は、建物を流した。水の力がそんなにも強いものだとは今まで思っていなかった。

「水の力の強さ」にもびっくりしたが、何より、「助け合いの力」がすごいと思った。大きな災害があっても、みんなで協力して乗り越えていく、その力は素晴らしいものだ。災害というものはどこの地域にも起こる可能性がある。もちろん、私たちの住んでいる地域にも起きる可能性がある。もしも、災害が自分の身に起きたとしたら…。そんな大変なときにこそ、助け合う気持ちを忘れてはいけないと思う。そのときは、自分のことばかり考えずに、みんなで協力して乗り越えたい。

戦争中の彦谷

教科書などで、戦争中、日本の人たちは生活にとても苦労していたと知った。町が焼かれ家もない、食べ物もない、空襲がくるのでいつでも避難できる準備をしておく、そんな毎日を生きていたということを…。しかし私は戦争中にはまだ生まれていないので、生きていた人たちの気持ちがわからない。だから少しでも知ろうと思い、まずは身近なところからということで、彦谷に戦争中に住んでいた人たちにインタビューをしてみた。

そして、わかった都会との大きな違いのひとつは、彦谷に住む人たちは、食べ物には今とはくらべられないくらい苦労していたが、当時の都会よりは、ましだったということだ。都会では、第二次大戦がすすむにつれ、生活はますます悪くなっていった。空襲のため生活物資・食糧は不足し、農家で取れた米もほとんど供出させられ、米不足から毎日の食卓には麦、芋、豆、など食べられるものは何でも混ぜて食べていたため、国民は苦しい生活を送っていた。そのうえ連合軍は、戦争に早く勝つために経済的打撃を与えようと、日本の主要都市に空爆をくり返した。爆撃の対象は、軍事施設や工場ばかりでなく住宅地にまで及び、市街地が焼け野原になった。そのため都市に住んでいた人たちはいっそう苦しい生活を送らねばならなかった。特に一九四五年三月の東京大空襲では、一夜で八万人以上の市民が犠牲になり、百万人が焼け出された。空襲が激しくなると、大都市の小学生は父母のもとをはなれて、地方に集団で疎開した。疎開というのは米軍による本土爆撃に備え、大都市の小学生をより安全な地域に移住させたことである。彦谷には空襲は来なかった。そのため家も焼かれず畑も焼かれなかったので、畑では芋類（主にサツマイモやジャガイモ）や野菜、綿、キビなどをくわ一本でつくり、田んぼでは米や麦を栽培して収穫したもののほとんどを国へ供出しても、生活するための最低限の食べ物があったそうだ。毎日の食卓には、米を一升瓶に入れて棒で約一五〇〇回ついてできた、少し黒さが残った米と、一晩じゅう煮込んで柔らかくなった麦を混ぜ合わせたご飯と、畑で収穫してきたものが、少し並ぶ程度だったそうだ。

今も彦谷に住んでいるおばあさんの話では、いつものように畑で働いていると、大阪から来た人が突然、「食べ物を少し分けてくれませんか?」と訪ねてきたりもしたそうだ。おばあさんの家では、作物を栽培していたので、それなりの食べ物があったそうだが、隣に住んでいる人たちは食べ物がなかったので、山に生えているものを食べて生活していたそうだ。するとある日、隣に住んでいる人が、「おばあさん、さっき小芋の芽を食べてから、ずっと喉のあたりがいたい」といって訪ねてきたこともあったそうだ。同じ村に住んでいても、隣の家同士で、これほどまでの違いがあった。

しかし、生活のその他の面では、大きな町や村と同じように苦労していた。今のようにテレビやラジオがないので、戦争の状況などは新聞がたよりで、常に日本が勝っているという記事ばかりが載っていたそうだ。服装は、継ぎはぎだらけの服を着て、ぞうりを履いていた。家にはもちろんベッドなどはない。畳にじかに、中身がワラでできた布団を敷いて寝ていた。このワラ布団はとても暖かくて、汚してしまっても、中身を入れ替えるだけですむので、主にお年寄りや小さな子どもが使っていたそうだ。ある日、B29（米軍の飛行機）が煙を出しながら大阪のほうへ飛んでいった。はじめのうちは、この飛行機が米軍のものとは知らずに「綺麗だな」と子どもたちが見て騒いでいる。しかし、空を飛んでいる飛行機が米軍のものだと新聞で知ってからは、みんな飛行機を見たら急いで家に逃げ込んで震えていたそうだ。そんな生活を送っていると、ある夜突然、肩から赤いたすきをかけた兵隊が召集令状を持ってくるのだ。この召集令状の表面には、召集されるものの部隊名、部隊に出頭する日時などが記載されていて、裏面には、赤紙を提示することによる目的地への交通費の割引（船舶は五割、列車は一等車及び三等車が五割、二等車が四割、満州鉄道は一律五割引き）や、伝染病など理由があって期日までに部隊に出頭できない場合の連絡先、応召集員の心得や注意事項が記載されている。ちなみに運賃については、本人負担分は到着後は配属部隊で支給すると書かれている。交通費が足りない場合は、事前に市町村役所に届け出れば全額前金で支給するとなっている。また、理由なく召集に応じなかった場合、罰金刑もしくは拘留と書かれている。このような召集令状が届くと、若者は戦争に行ったそうだ。若者が戦争に行っている間は、高齢者や怪我人の男性は紀ノ川におりて竹やり訓練、女性や戦争にいけない若者は夏場に畑で農作業をし、冬は炭窯で炭をつくりながら暮らしていたそうだ。彦谷は山奥のため電気が来ないので、闇市で買ってきたランプを頼りに生活していたが、夜でもたまにB29が飛んでいると急いでランプを布で覆い隠していた。そんな夜、大阪や神戸のほうを見ると、山越えに赤く染まって見える日もあったそうだ。

そんな毎日を送っていたある日、竹やり訓練から帰ってきた人たちが、「日本は戦争に負けた。もう練習はしなくてよい」と教官にいわれたと村全体に伝え、そこでようやく戦争が終わったと知った。戦争に行った人たちが帰ってきたのは、戦争のあと数年たってからだった。

彦谷には二〇〇人ほどの人が住んでいたが、そのうちの六〇人ほどが戦争に行き、戦死者は八人だった。

戦争が終わっても、村の人たちの恐怖は数年間は続いたそうだ。女性が米軍につかまったら殺されるとか、男性が捕まったら強制労働をさせられる、などのうわさが出回っていたため、みんな山の中に隠れていたそうだ。

今回、インタビューさせてもらった人が必ず口にしたことばがある。それは、次の二つだ。

「あんなひどい生活を送っていても不自由だとは思わなかった。」

「たとえいろんなことを忘れても、戦争中のことだけは絶対に忘れない。」

（わらじ組編『山の中から彦谷を』二二一―二二九ページ。）

第三章　村が育んだ文化

彦谷のなくなってしまった文化や今も残っている文化を紹介します。昔の文化は今とは異なる部分が多く、くらべてみると時代の変化が感じられます。

例えば、現在の結婚式は一日で終わってしまいますが、昔は一週間も騒いでいて、とても贅沢でした。

方言は、今でも色濃く残っています。おもしろいことばやさまざまな特徴があるので、自分の地域のことばなどとくらべて楽しんでみてください。

結婚式

昔は、それぞれが自分の家（お婿さんの家）で式を挙げていた。昔の結婚式は、現在よりも贅沢だったそうだ。

恋愛結婚もあったが、ほとんどが見合い結婚で、親戚に認めてもらわないと結婚はできなかった。

多くの親戚や友人が集まるため、料理人を呼び、料理はすべて任せていた。出てくるものはとても豪華だったという。お祝いに、大きな膳を使い、めでたいという意味を込めて、膳からはみでるくらいの鯛を一人一匹いただいていた。親戚などからは、折箱（柳の木で編んだカゴ）に饅頭を詰めたものが贈られていたそうだ。式の当日から一週間は親族のみんなでお酒を飲

んで、騒いでいた。酒は樽に入っているもので、中身を飲み終えるまでみんな帰らなかった。

　現在でいうウエディングドレスは和装だった。お嫁さんは、打ち掛けという着物を着用し、お婿さんは紋付・袴を着用していた。衣装見せもおこなっていた。衣装見せとは、お嫁さんが親族に衣装を披露することだ。お嫁さんは、嫁入り道具（衣装や布団）をタンスの中に入れ、牛車で運び、自分自身はお婿さんのいる場所までタクシーを利用する人もいれば、歩いて向かう人もいた。

　現在の結婚式は一日で終わってしまうが、昔は一週間もの間、家で騒いでおり、みんなが心からお祝いしていたのだと感じた。食事も豪華で、鯛を一人一匹も食べていたことに驚いた。結婚式はすてきな式典だ。

葬式

昔は葬議場がなかったため、自分たちの家で葬式をおこなっていた。葬式のたびに、村までお坊さんが訪れていた。村にはお寺があり、葬式の道具はその中で保管していた。また、お寺は集会場でもあった。昔は花屋がいて、道に花が並べられていた。彦谷では土葬にしていたが、現在は橋本市の法律で火葬にすると決まっているそうだ。葬式も結婚式同様、出される料理が豪華だった。

彦谷は、高野山の近くにあるので、真言宗の家が多い。真言宗の葬式では、お坊さんに拝んでもらい、先に家族が線香をつけ、その後に名誉職の人（学校の先生など）から順に線香をつける。それを終えると、棺のふたを取り、花を入れる。喪主（責任者）が棺のふたを閉じ、親族や親しかった人で送り出す。そして、喪主が位牌を持ち、その後ろで親族が写真や道具を持ち、家をあとにする。

名誉職にある者が棺を持ち、棺を三回まわす。これは、「もう帰って来ないように」という意味でおこなうそうだ。そして、お茶碗を割る。これは、「今まではごはんを食べていたけれど、もう食べられないよ」という意味でおこなう。

そのあと棺を霊柩車に乗せて斎場に向かう。着くと、お坊さんがお経をよみながら線香をつけ、棺を火葬場に入れ、遺体を燃やす。引き上げは、三時間経ってからお骨をあげてもってかえり、次の日にお骨収めに血のつながりのある人が行く。

昔はこのようにお葬式を挙げていたが、現在は橋本市内の葬議場を利用しているため、この方法ではおこなっていない。

祭り

秋の十月に隅田八幡宮《すだはちまんぐう》の祭りがおこなわれる。彦谷の村の人々は橋本市まで祭りを祝いに行ったり、だんじりを見に行ったりした。祭りのときには餅をつき、寿司を巻いて食べながらみんなで騒ぐのが普通だった。また、村ごとに御神輿を担ぐ順番が回ってきていたそうだ。もっとも今は彦谷は祭りのための集まりから脱退していて、かかわりがなくなっている。

十月の祭りをしなくなったので、村では、十二月に霜月の祭りをすることになった。これは現在も続いている。本来は十二月十三日の祭りなのだが、気候などの関係で早めたり後にまわしたりという状態が続いていて、今はみんなの都合のよい日曜日になっている。この祭りでは、必ずもちまきをする。年に一度の祭りなので盛り上げるために、必ずもちまきをおこなっているそうだ。

12月の霜月の祭り，もちまきは大盛りあがりだ

夏には、やっちょん踊り（盆踊り）がおこなわれていた。橋本市内のいろいろな場所でおこなわれるもので、村ごとに日時が決まっている。そのため、別の村の人々もやっちょん踊りのある村に行き、参加していた。村人は下まで歩いて下って、そのうえ長時間盆踊りで踊ったため、新品の下駄を履いて行っても一晩で磨り減ったそうだ。彦谷でも二百人もの人々が集まり、とてもにぎやかだったそうだ。

信仰

彦谷には、大日如来をまつっている総福寺というお寺がある。総福寺の本尊は子安地蔵なので、昔は彦谷の外にお嫁に行っても、子どもを生むときは必ず詣るといわれるように、地元の人たちにとても親しまれていた。このあたりではとても古いお寺で、かつては寺子屋としても使われていた。総福寺には

総福寺

お経を入れた箱が二つ（百巻を超える量）あり、近くでもこれほどの量のお経が残ってい るお寺はない。とても立派な掛け軸（不動明王・十三仏・大師）も残っていて、由緒ある お寺だったといわれている。総福寺では、毎年、「般若入れ」の儀式がおこなわれる。こ れは、寺の回り当番（二人）が御膳を用意し、賢堂《かしこどう》の住職を招いて心経の札に法力を授 けてもらう儀式だ。昔は彦谷の人々がたくさん集まって拝んでいたが、最近は区民も減り、なかなかみんなが集まることができなくなったため、当番の人だけでおこなわれるようになった。「般若入れ」の儀式で仏の法力をこめた心経の札を、外から彦谷に入ってくる辻々に立てて回るということもしている。病気や災難の侵入を防ぐためだそうだ。

彦谷には、川津大明神という神社もあり、六一年ごとに建て替えられている。これは、彦谷の氏神社で、平成八年から修理を始め、同九年十月には完成を目前に台風で大きな被害を受けたが、翌年の四月

川津大名神

に完成した。彦谷の人は、ここに毎月、海のものと、山のものと、畑のものを五つそろえて御膳をあげている。

そのほかにも、水の神様の竜王さんや、火の神様のお不動さん、弁財天、山の神様などをまつっている。彦谷区長さんの一家は、山の神様の社に、毎月一日にお供えしている。

彦谷の人たちは、自分の先祖をとても大事にしていて、毎日仏壇の前でお経を唱えている。葬式のときなどには真言宗の僧侶が来ている。

方言

区長さんにインタビューをした記録をもとに、特徴のあるしゃべり方や方言をまとめた。まずは、彦谷の方言と思われるものを紹介する。

かひ　菓子　例　かひ持ってきたで

たきだい　野菜を炊いたもの　例　たきだいつくったんよ

てきら　友達・親友・味方　例　昨日てきらと遊んだ
いね　帰れ・去れ　例　いねへんかった
しらんど　知らない　例　そんなんしらんど
ちごた　違った　例　ゴメンちごたわ
つわる　成長する　例　木がつわる
せんぐり　繰り返し　例　せんぐりせんぐり
まくれる　ころぶ　例　田んぼでまくれたんよ
んで　それで　例　んでから

次に、私たちが気づいた特徴をあげる。

ことばの最初に「ん」がつくことがある

ん　昔は～
ん　りゃあもう

文の最後に「よ」と「よー」がつくことが多い

だけやしよー　（〜だけだよ）
おっきいんよ　（大きいよ）
とーらしよね　（通るしね）
いらなしよねー　（要らないしね）

ことばの最後に「ら」がつくことが多い

いまらのこと思ったら　（今のことを思ったら）
酒らでも　（お酒でも）
結婚式らと違うよ　（結婚式と違うよ）
やってらでら　（してるよ）

「ぜ」は「で」になる

これは和歌山県全体の傾向である。
でんぱんてき　（全般的）

でんぶ　（全部）
でったい（絶対）
でんでん（全然）
たんでん（丹前）
でん　（膳）

「そ」は「ほ」に変わる

それでねー　→　ほいでにー
それで　→　ほいで
そしたら　→　ほいだら

長音化

のばすときと、のばさないときがある。

なぁ
でもぉ

だけどもぉ
そのぉー
あのぉー
やしぃ

関西の人もよく使う方言

彦谷は近畿圏の和歌山にある。つまり基本的には関西弁を話す。そこで近畿圏でもよく見られる方言をまとめてみた。

あらへん　ない　例　そんなことあらへん
合わん　合わない　例　口に合わん
あんたら　あなたたち　例　あんたらも同じ
さかいね　だからね　例　日曜日にやってるさかいね
さら　新しい　例　さらのもん買おて
しれとるな　たいしたことはない　例　そんなんしれとるな
せえへん　しない　例　せえへんけど

ちゃちなもん　安っぽい　例　それ、ちゃちなもんやなぁ

どない　どのように　例　どないする？

べっぴん　美人　例　あんたべっぴんさんやね～

～やで　～だよ　例　今日は晴れやで

～やと思うで　～と思うよ　例　元気やと思うで

～やろ　～でしょ　例　知っとるやろ

第四章　変わっていった自然

この章はきのくに子どもの村中学校のクラスのひとつ、動植物研究所のメンバーに執筆してもらいました。「人と自然のかかわりを探る」というテーマで活動しているプロジェクトです。「昔の彦谷の自然を再生し、生き物を呼び戻そう」と七年間にわたってビオトープづくりをしています。この章では、動植物研究所がビオトープづくりを通して今まで調べてきた「彦谷の自然」について紹介しています。

山

彦谷は、緑がきれいで空気もとてもおいしい。昆虫もたくさんいるし、タヌキやキツネ、イノシシなどの野生動物も多く、一見すると自然がとても豊かである。だが、彦谷の環境をくわしく調べていくうちに、村の周辺の自然が三〇～四〇年前とは大きく違ってきているとわかってきた。

明るい山里の風景

昔の彦谷の風景は、今とは大きく違っていた。

人家のまわりでは田畑がつくられ、その周囲には日当たりのよい開けた土地が広がっていた。山の上と下で声をかけ合って昼ごはんの時間をつたえることができたそうだ。

当時の村のおもな産業は林業で、これが大切な収入源だった。スギやヒノキの人工林は里から少し離れたところにあり、多くの村人が山仕事にたずさわっていた。植林された人工林は、間引きや間伐が定期的におこなわれ、明るく整理された場所だった。

いっぽう、人の暮らしに深くかかわっていた雑木林は、比較的、村の周辺にあった。「薪炭林《しんたんりん》」とも呼ばれる林のことである。昔の人はここから薪を切り、田畑の肥料もとっていたそうだ。

彦谷の薪炭林には、クヌギやコナラなど炭づくりに使われる木をはじめ、アカマツ、カシ、クリ、ヤマザクラ、ツバキ、ツツジ、リョウブ、ホオノキ、アセビ、クロモジなど多くの種類の木が生えていた。人の手もよく入っていたため、明るく気持ちのよい林だったようだ。食べられる木の実も豊富で、あつまってくる生き物の種類も多様だった。落葉樹も多く、地面は腐葉土で覆われていた。

つまり、人と山とのつながりがとても深く、人々は山からたくさんの生活必需品を得ていたといえる。山は大事に手入れされ、村人のくらしに必要とされていた。その結果、村の周囲の山は明るく開け、現在とは違う山里の風景が広がっていたのだ。

変わってしまった風景――人の手の入らなくなった山――

現在、過疎化のすすんだ彦谷では、人と山のかかわりが大きく変わってしまった。

かつて村の生活を支えていたスギやヒノキの人工林には、ほとんど人の手が入らなくなった。間伐されず、昼も暗くて下草も生えない。一種類の木だけの林では動物の種類も少なくなってしまった。薪炭林にも人が入らなくなり、植物が伸び放題になった。人々の生活様式が変わり雑木林は必要とされなくなった。こうして、かつての明るく開けた風景が村から姿を消した。

ではなぜスギやヒノキの人工林は手入れされなくなったのだろう。それには、いくつかの理由がある。まず安い外国材が輸入されるようになり、日本の木材が売れなくなってしまったこと。それにくわえ、村の過疎化が急速にすすんだこと。需要が減り、そのうえ担い手を失った山は、手入れされず鬱蒼《うっそう》として暗い場所になってしまったのである。

薪炭林が利用されなくなったのも三〇～四〇年前からだ。このころから生活に使う燃料が薪や炭から石油に変わってしまった。人々

手入れされなくなったスギやヒノキが立ち並ぶ彦谷の人工林

の暮らしの変化とともに、たった数十年で、薪炭林の利用価値が失われてしまったのだ。薪や炭を取る山は必要がなくなり、下草刈りや間伐がまったくされないようになった。田や畑もなくなり肥料や食料としての雑木林の価値も失われていく。

人の入らない山は下草が繁茂し、かつての明るい山ではなくなってしまった。昔、人里ではほとんど見られなかったイノシシやシカが、数少ない畑を荒らすようになった。

たしかに彦谷では現在も緑が多く、空気もきれいで動植物も多い。私たちの調査では、二十一種類もの哺乳類が確認されている。しかし、山の自然環境は大

彦谷周辺で観察された哺乳類

モグラ目	ウサギ目
トガリネズミ科 ・ジネズミ ・カワネズミ	ウサギ科 ・ノウサギ
ネコ目	ウシ目
クマ科 ・ツキノワグマ イヌ科 ・ホンドギツネ ・ホンドタヌキ ・ニホンイヌ イタチ科 ・ホンドテン ・イタチ※ ネコ科 ・イエネコ	イノシシ科 ・ニホンイノシシ シカ科 ・ニホンジカ ウシ科 ・ニホンカモシカ ネズミ目 リス科 ・ニホンリス ・ニホンモモンガ ネズミ科 ・カヤネズミ ・ヒメネズミ ・アカネズミ ・クマネズミ

※ニホンイタチかチョウセンイタチかは不明。
〈1999年～2008年，動植物研究所調べ〉

きく変わってきている。目には見えにくいが、そこに住む生物たちの数や様子も変化しているにちがいない。人の暮らしの変化が、見えないところでじわじわと山の自然環境を大きく変えているのかもしれない。

村で、たったひとつの私たちの田んぼ（ビオトープとして二〇〇三年につくられた）も毎年イノシシの被害にあっている。山の生態系のバランスが崩れてきているのだろうか。

田んぼ

彦谷にまだたくさんの人が生活していたころ、村のまわりには田んぼが広がり、作業しているのが遠くから見わたせるほどだったという。彦谷全体の水田の面積はいちばん広いときで四万五千平方メートルもあった。おどろくほどの広さである。今から三〇～四〇年前のことだ。当時、人々は稲作のほかに畑で野菜も育て、牛やニワトリなどの家畜を飼い、自給自足の生活をしていた。ウナギなどの川魚も貴重なタンパク源だったらしい。

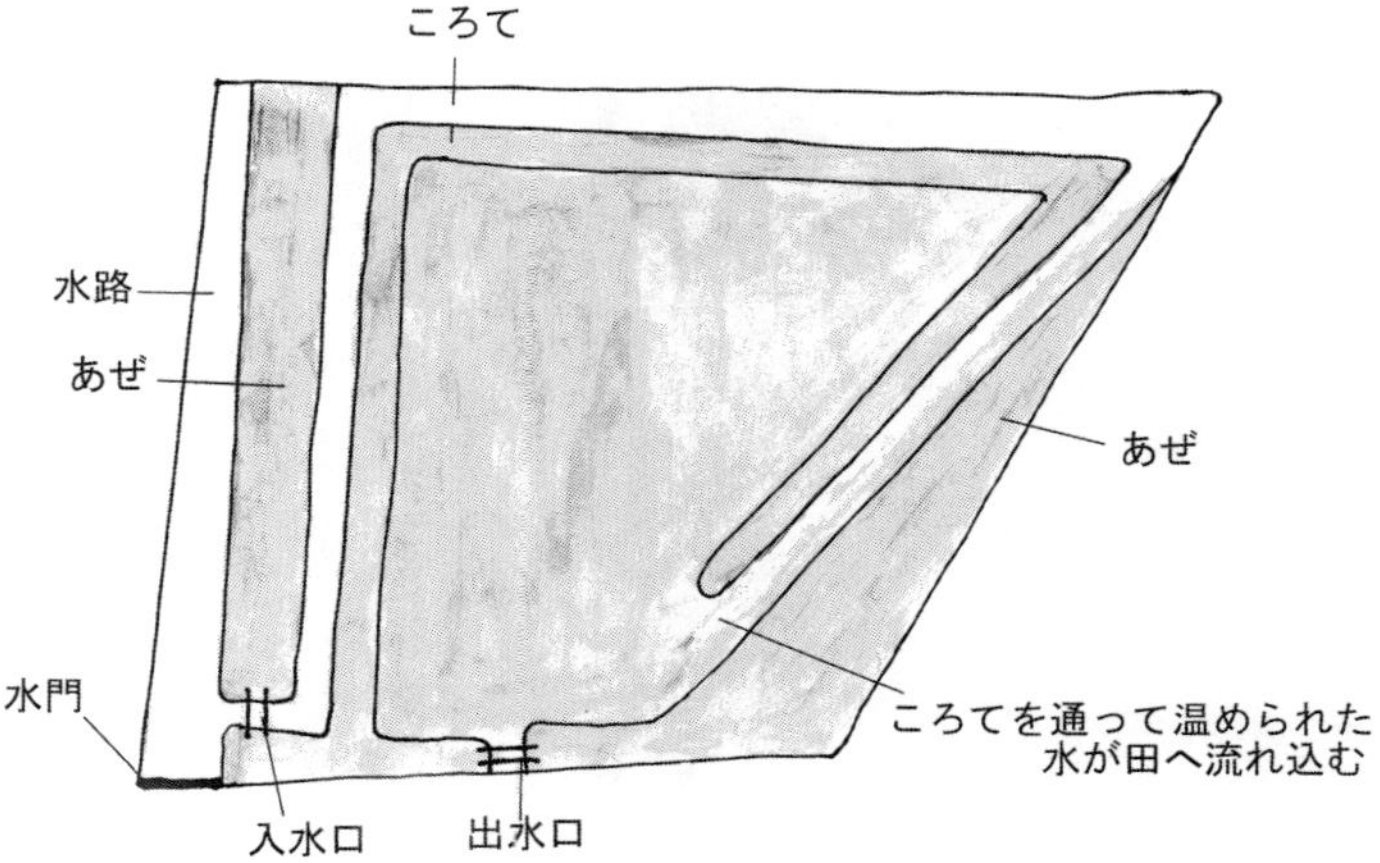

田んぼの図，まわりに水路をまわして水を温める

しかし現在、彦谷では米はつくられていない。わずかにきのくに子どもの村の子どもたちの田んぼがあるだけだ。かつて田んぼ周辺の自然は日本の里山を代表する環境のひとつだった。彦谷の自然も、米づくりがなくなったことで大きく変わってしまった。

稲づくりの知恵と工夫

彦谷の標高は四五〇メートルほどで水が冷たい。谷間の田んぼは、泥が深く、大人が腰まで沈むくらいの深田《ふけた》だったそうだ。日当たりも悪く、米づくりにはあまり適していなかったのだ。そのため、彦谷ではいくつかの工夫が施されていた。そのひとつが「ころて」だ。田んぼのまわりに細い水路をまわすしくみで、冷たい山の水は「ころて」を通って温められ、田に入る。私たちもビオトープの田んぼで「ころて」をつくってみた。水温は五月の晴れた日だと六度も上がる。厳しい自然環境にもかかわらず、村の人はいろいろな工夫をしながら稲作を一九六二年頃までつづけていた。腰まで入る深田では沈まないように板を置いて田植えをしたという。村のおばあちゃんに聞くと「あんなしんどい思いはもう二度としたくない」という。

田んぼの生物

昔の彦谷の田んぼには、ドジョウやメダカがいたそうだ。ホタルもたくさんいた。また、初夏になるとピンク色のササユリがたくさん咲いていたという。今はこれらの生き物はほとんど見られない。

動植物研究所が二〇〇三年、昔の環境を再現しようとビオトープに田んぼをつくった。するとイモリやいろいろなカエルがやってきた。トンボをはじめ、たくさんの水生昆虫も見られるようになった。畦《あぜ》にはいろいろな植物が花を咲かせ始めた。環境が変

かつてはいっぱい咲いていた
ササユリ

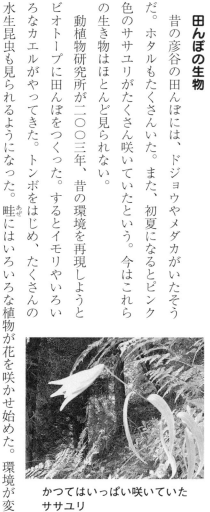

わると水辺の生き物は戻ってきた。

しかし、数十年前にいなくなったドジョウやメダカなど空を飛べない生物たちは、人間が連れてこない限りもう戻ってくることはないだろう。消えてしまったものの中には、希少生物のタガメやゲンゴロウなどもいたかもしれない。

彦谷の放棄水田のまわりのいきものの中には、完全に失われてしまったものもあると思われる。当時の面影を残すのは今ではわずかにビオトープの田んぼだけになってしまった。

戻ってきた生物たち

私たちは、村の人たちに「いなくなった生きものはなんですか」と聞いてみた。水田では、メダカやドジョウ、タガメ、シジミなどがあげられた。ふたたび田をつくってもこれらはなかなか戻ってこない。昔いた生物を呼び戻すというのはとても難しい。

それでも、田んぼやその周辺の水辺にトンボはたくさんやってきた。田や湿地の環境を好むトンボたちである。春先に

田んぼの周囲に産卵にやってくるモリアオガエル

出現するシオヤトンボをはじめ、マイコアカネやオオアオイトトンボなど、いままでいなかった種類のトンボがたくさん見られるようになった。

さらに、二〇〇七年には、珍しい水生昆虫のタイコウチがやってきた。これも昔はいたと思われるもののひとつである。

彦谷周辺で観察されたトンボ

トンボ科	ヤンマ科
・シオヤトンボ ・シオカラトンボ ・オオシオカラトンボ ・ネキトンボ ・ウスバキトンボ ・ノシメトンボ ・ナツアカネ ・アキアカネ ・ヒメアカネ ・マユタテアカネ ・マイコアカネ	・ヤブヤンマ ・クロスジギンヤンマ ・ルリボシヤンマ ・ミルンヤンマ ・オオルリボシヤンマ オニヤンマ科 ・オニヤンマ
カワトンボ科	アオイトトンボ科
・ミヤマカワトンボ ・オオカワトンボ	・オオアオイトトンボ ・オツネントンボ
ムカシトンボ科	モノサシトンボ科
・ムカシトンボ	・モノサシトンボ
サナエトンボ科	エゾトンボ科
・ダビドサナエ ・オジロサナエ ・コオニヤンマ	・タカネトンボ ・オオヤマトンボ ・コヤマトンボ
ムカシヤンマ科	
・ムカシヤンマ	

※［網掛け］は主に田んぼ周辺に生息しているトンボ
〈2001年～2008年，動植物研究所調べ〉

私たちのつくった環境に、ようやく昔いた生物たちが姿を現しはじめたのだ。

ビオトープをすこしでも昔の彦谷の環境に近づけられれば、もっといろいろな生き物が戻ってくるかもしれない。

残ったもの

人口の減少とともに彦谷から田んぼが消え、跡地にはたくさんのスギやヒノキが植えられた。今ではその木を手入れする人もいなくなり、やせ細ったスギやヒノキの人工林が鬱蒼と広がっている。

昔は彦谷でも米がたくさんつくられていたと思うと、今の村の風景が信じられなくなる。スギやヒノキを植えるのは簡単でも、もとに戻すのはとても難しいだろう。かつては稲作によって維持されていた里山の自然もなくなってしまった。しかし、昔の環境に戻すのがいいのか、そしてそれが可能かどうか、私たちにはまだわからない。でも、変化によって生物の数が減ってしまっているのは事実だ。彦谷から田んぼが消えた。それが環境へ与えた影響は大きい。

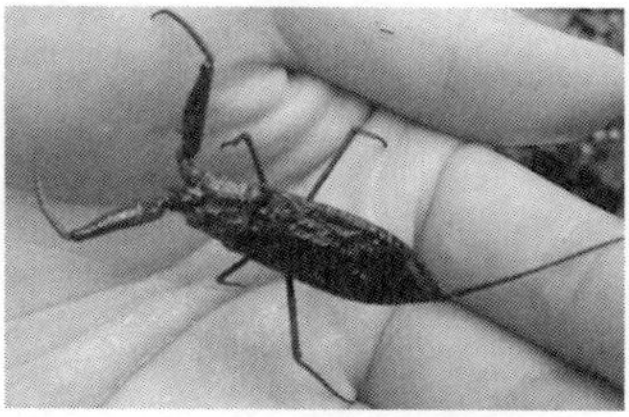

2007年にビオトープにやってきたタイコウチ

川

人の暮らしの変化によって大きな影響を受けたのは山と田んぼだけではない。彦谷を流れる川の自然も村人の生活の変化とともに姿を変えたもののひとつだ。

美しかった川

彦谷川は、私たちの学校のすぐ下から流れはじめている。標高四五〇メートルあたりのところだ。山からたくさんの清水を集め谷間を流れる小さな川だ。二キロほど山間を流れて紀ノ川の支流のひとつ丹生川にそそぎこんでいる。幅は、一〜二メートルほどで、周囲は薄暗い。近くに民家はほとんどない。水は透き通っている。

村の人たちに聞くと、昔、川のまわりはとても明るかったそうだ。田んぼや畑がひろがり、周囲の山はよく整備されていたからだ。家もたくさんあって人々は川の近くで生活をしていた。

区長さんの話では、「雨の日には、サワガニが道を埋め尽くすほどで、すぐにバケツいっぱい取れた。ホタルがぎょーさんおったし、ウナギもたくさん捕れた」そうだ。

村の子どもたちはこの川で魚を捕り、泳いで遊び、水を飲んでいたという。

彦谷川は変わってしまった?

しかし、ここ数十年の間に彦谷の川の様子は変わってしまった。

田んぼや畑がなくなり、木々が茂り暗くなった。民家もなく、最上流に私たちの学校があるのみだ。サワガニやホタルもずっと少なくなり、ウナギはもういない。

川の水は、お昼時には白くにごるようになった。時には泡が立つ。きのくにの生活排水が流れ込むせいかもしれない。この川のもっとも上流にあるビオトープ付近の流れでは、小魚の姿も見えない。水はとうぜん飲めないし、飲んでみようと思う者もいない。

清流を代表する指標生物ムカシトンボ

川は本当に汚れているの？

このように、彦谷の川は見たところ汚れてしまっている。本当はどのくらい汚れているのだろう。

私たちは、水質検査と生物の調査をしてみた。水質検査では、ペーハーや酸素要求量など数種類の検査をパックテストの試薬を使ってした。生物調査は、水中の生物と川の周辺の動植物を手分けして調べた。

調査の結果、川は、部分的には一般河川の下流域と同程度かそれ以上に汚れていることがわかった。

しかし同時に、下流に行くほどきれいになっているということもわかってきた。生物も最上流部ではイトミミズやサカマキガイなど汚れに強いものが多く、下に行くにつれてきれいな流れに住む生き物たちがふえていた。学校から一キロ下の流れの周辺では、きれい

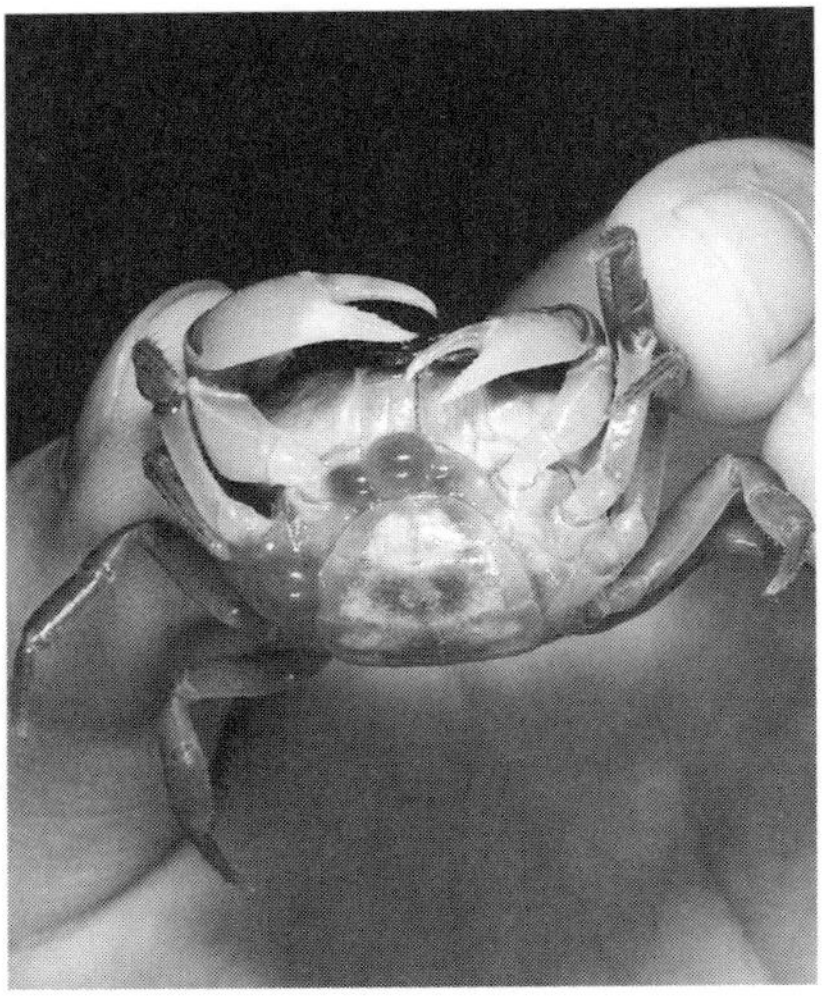

すっかり数が減ってしまったサワガニ

な川の指標生物であるムカシトンボの生息も確認されている。

暮らしの変化が川を変えた

川が変わってしまった原因は、周辺の自然環境の変化と私たちの学校から出る生活排水だった。最上流部がもっとも汚れていることからもそのことはすぐにわかる。

学校から出た生活排水は、合成洗剤のせいで強いアルカリ性になっている。

酸素要求量、つまり、不足している酸素量の数値も非常に高く、生物がとても住みにくい環境だ。昔の村では合成洗剤は使っていなかったし、ゴミもほとんど出なかったそうだ。人間の暮らしの変化が川の環境に与えた影響はとても大きい。

彦谷川をきれいにできる？

現在、私たちのつくった彦谷ビオトープには、たくさんの生き物たちが集まってきている。田んぼや水辺の環境が再生されて、一度いなくなった生き物たちがかえって来たのだ。もしかしたら、川も昔の状態に戻せるのではないか。

今、私たちはビオトープの中に浄化用の池をつくり、川をきれいにする方法をいろいろ試している。学校で使っている洗剤も環境によいものに変えるように提案してきた。

彦谷川にもう一度ホタルがいっぱい飛び交い、ウナギも戻ってくる日がやってくるかもしれない。

第五章

彦谷をとりまく問題

彦谷は極端に過疎化のすすんだ村です。それは、さまざまな問題と結びついていました。彦谷にはゴミ処理場があります。ゴミ処理場は、住んでいる人が少なくて市街地から遠いところにつくられます。多くの人が住む場所に建てるよりも迷惑がかからないからだそうです。また、彦谷流域にはダム建設の話もありました。人が減って困っていた村の人たちからはダムに賛成する声もでてきました。ダムに賛成する人たちは、村の活性化を考えていました。

過疎化、ゴミ、ダム…今の日本の問題です。

過疎《かそ》

一九五〇年代から始まった日本の高度経済成長の中で、農漁村の若い人を中心に大きな人口移動がおこった。農漁村では人が少なくなり、教育、医療、防災などその地域の施設がなくなったり仕事をする人がいなくなったりした。

過疎というのは、このように地域の人口が減ってしまって、その地域で人が暮らしにくくなることだ。

過疎の基準

過疎に該当する地域はどうやって決められるのだろうか。過疎と認められる人口の要件は四つある。

仮に一九六〇年の××市の人口が一千人だったとしよう。

一九六〇年から一九九五年までに人口が、

A　三百人以上減った。
B　二百五十人以上減って、一九九五年に六十五歳以上の人が二十四％以上いる。
C　三百五十人以上減って、一九九五年に十五歳以上、三十歳未満の人が十五％以下である。
※ただしABCの場合、一九七〇年から一九九五年までに一・一倍以上ふえた市町村は除かれる。
D　一九九五年の人口が一九七〇年の人口の八十一％以下である。
このうち一つに当てはまり、かつ財政力の要件も満たした場合に過疎と認められる。

過疎地域の特徴

日本の過疎市町村の数は七百三十八で、全国に千八百四ある市町村の四割にあたる（二〇〇八年現在）。全国の過疎地域人口は、日本の人口の八％（千六百十八万人）に過ぎないが、その面積は日本の国土の半分以上にものぼる。
過疎地域では若者が流出するとともに、高齢化もすすんでいく。それによって農業や漁業ができなくなったり、商店が潰れたりして、さらに人がいなくなる現象がくりかえされる。そうなると次は医師や学校の教師などがいなくなる。最終的には山や森や畑を管理する人がいなくなって、地域が荒廃してしまう。地域が荒廃するとは、具体的にどういうことなのだろう。まずは山そのものが荒廃する。山の赤土が流れれば海は磯焼けを起こし、貝や海草がとれなくなって、それを食べる魚もいなくなる。すると、それを生活の糧としている人も生活しにくくなる。さらに荒廃した山は保水力がなくなり、渇水問題や鉄砲水を引き起こしてしまう。

過疎地域の対策

過疎地域には人をふやすための法的な対策がとられている。

Ａ　公立小・中学校の施設の整備
Ｂ　消防施設の整備
Ｃ　保育所の新築、改造

などだ。ほかにも医療、高齢化、交通、情報、教育、文化、農地などについていろいろな措置がとられている。それにもかかわらず、過疎地域はふえ続けている。

彦谷の過疎問題

過疎問題は日本の大きな問題である。過疎地域の人口は、全人口の八％にすぎないのに、面積は日本国土の半分以上もあり、医療や教育の面にも問題がある。

私たちの学校がある彦谷も過疎問題に直面している。約五十年前は百六十人いたが、今ではもとから彦谷に住んでいた人は二十人以下になってしまった。

これだけ人が少ないと、商店なんかない。しかし、なぜこれほどにも人が少なくなったのだろうか。過疎の原因は何なのだろうか。

大きくあげられる原因は高度経済成長だ。高度経済成長とは一九五五年から一九七三年まで続いた日本の好景気をさす。ちょうど洗濯機や

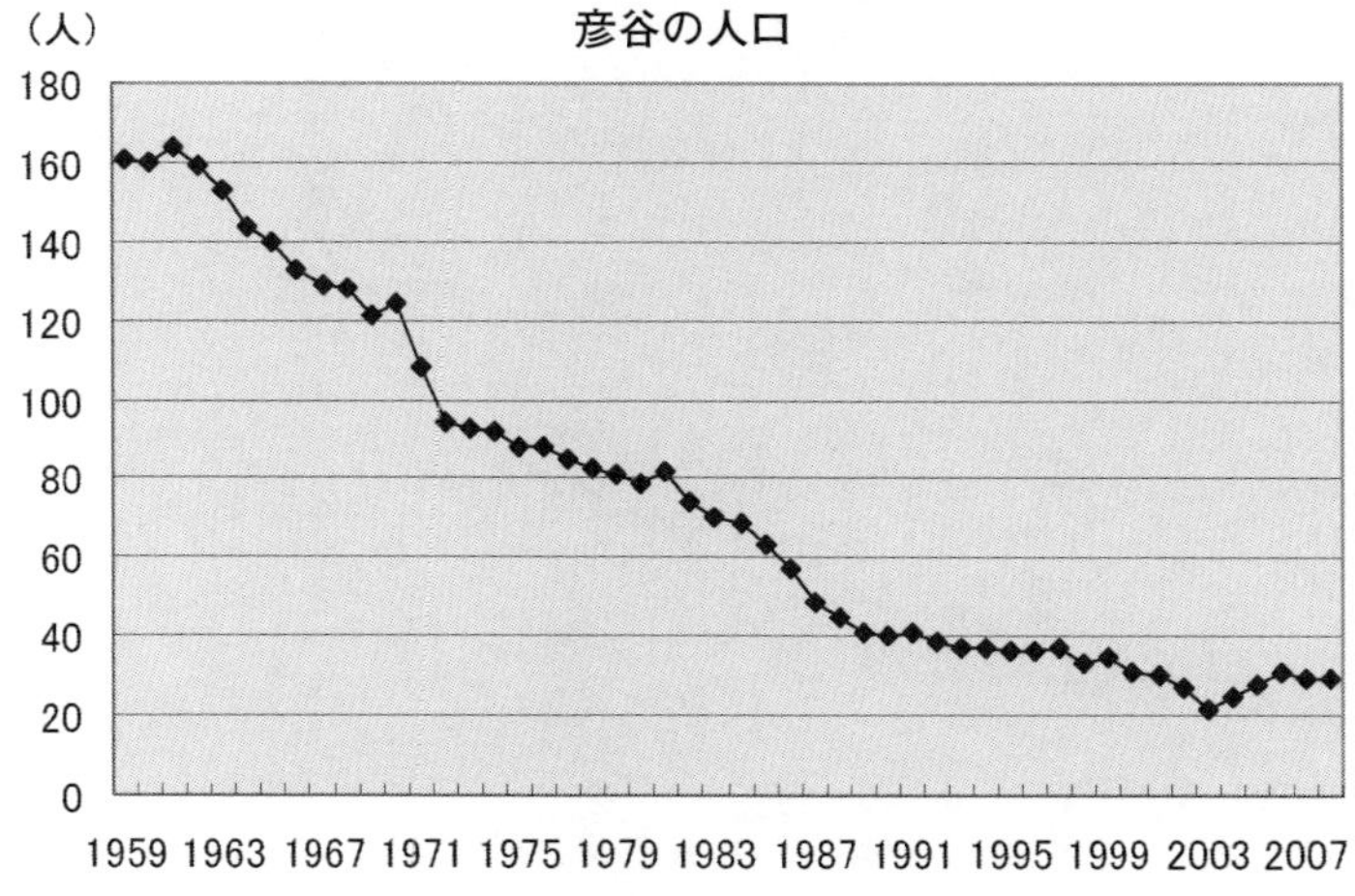

即席ラーメンが生まれた頃だ。この頃日本の経済は飛躍的に発展したが、さまざまなひずみも生みだした。

燃料が木炭や薪から石油に変わり、テレビや冷蔵庫、洗濯機が一般の家庭で使われるようになった。テレビなどを買うには、たくさんのお金が必要だ。田舎に住んでいる人は今までにしていた仕事では買うことができない。そのため収入の多い都会で仕事をする人がふえた。

また、その頃から外国の木材を自由に買えるようになった。外国の木材は、一度にたくさんの量を買うことができるが、国内の木材は、それができない。だから外国の木材の人気が高まったのだ。彦谷の林業もその影響を受け、やめる人がふえていった。また、人々の生活は大きく変わり、木炭を使うかまどや囲炉裏が姿を消していった。ガスを使って調理をするガスコンロが登場したため、炭焼きという仕事もなくなってしまった。

お金はますます必要になるのに、仕事はどんどん減っていく。これでは生活できない。村を離れて、町へ行く人がふえていった。

彦谷から人が急激に減るようになり、彦谷の区長さんは「こりゃ、いかん」と思ったそうだ。そこで人をふやすために彦谷でのキャンプを計画したり里親になったりした。またゴミ処理場を彦谷でひきうけて、かわりに道をよくしてもらう約束を市にとりつけたりした。それでも人はどんどん少なくなっていった。

市は彦谷の道をよくするという約束をしたが、何十年も実現されず、最近になってやっと工事が始まった。

彦谷は人が少ないが過疎地域ではない。過疎地域は町や市など大きい範囲で考えられている。彦谷の人口がどれだけ少なくても、橋本市全体として過疎の基準にあてはまらないので過疎地域とは認められない。彦谷は僻地とよばれている。そして僻地は国としての対策がされていない。

区長さんは、ごみ処理場が役目を終えて、跡地が利用できるようになったら、「人がたくさん集まってくるような施設にしたい」といっている。

みなさんは知っているだろうか。今後十年以内に日本の四百二十三の集落が消滅するといわれていることを。過疎地域は田舎の問題だけではない。都会とも密接な関係がある。例えば山奥の村が廃れ、山を管理する人がいなくなってしまうと、山が荒れてしまい、貯水できなくなる。そうすると大雨のときに山が崩れ、土が海に流れて魚などが死んでしまうのだ。魚介類は高騰し、家計を直撃してしまう。過疎問題は今や日本の大きな問題となっているのだ。

過疎のことを調べていくと日本の現状が見えてくる。とくに強く感じるのは、まず「過疎地域の人は寂しいだろうな」ということだ。過疎地域の人、とくに四十代以上の人は、自分のまわりから人がどんどんいなくなるのを目の当たりにしてきた。自分の町から人がいなくなっていく…昨日遊んでいた友達と今日は遊べない。隣の家から声が聞こえない。そんな現状が過疎によって引き起こされている。

国としての援助もうまくいっていないのではないだろうか。もう少しうまく援助できるはずだ。例えば過疎の基準である人口の数え方だ。その地域の人がどれだけ少なくても、都市部に人がたくさんいれば、過疎地域とは認められない。すると過疎対策からはずれてしまうのだ。だから地区単位などもう少し範囲を狭めて考えてもらいたいものだ。見落とさないでほしい。

林業の衰退と過疎の引き金となった植林も、じつは国が推し進めた政策だ。木を植えればお金がもらえますよ、と推奨したのだ。しかし、その政策は失敗した。そしてそのあとは補償も何もなかった。けっきょく、村人たちが後始末をしなければいけなかったのだ。

国にはもっと援助してもらいたい。

私たちは過疎を調べて「かわいそう」「助けたい」と思う。でも、これらのことばは上からの目線だ。自分の問題であればこんなことばは出ない。でも、それ以外のことばでうまくいい表せない。

もっと多くの人に過疎地域を知ってほしい。過疎地域に住んでいる人はやはり寂しいだろう。地域はにぎやかであったほうがいい。また過疎地域の面積は日本の半分以上になる。そんな広大な土地があるのに都会ばかりに人が行ってしまうのはもったいない。ただ、人がたくさん来るのはいいが、そこにあるきれいな風景などを汚してしまうのはよくない。そこが過疎問題のむずかしいところだ。

彦谷は人が少ないのに過疎地域ではない。僻地と呼ばれている。では僻地対策はなされているかというと、なにもされていない。これはとてもおかしいことだ。都市部が過疎状態だったら対策をするのに、小さなところは気にかけない。これは差別だ。

消えていく村の人たちの気もちはどうなのだろう。きっとすごく悔しいに違いない。そんな村をなくすために過疎のことを少しでも知ってほしい。

ゴミ処理場

彦谷には、橋本市の一般廃棄物処理場がある。この処理場は、橋本市の一般家庭から出るゴミの最終処分場だ。おもに、化粧びん、タイル・ガラスの割れたもの、陶器類、プラスチックゴミが埋め立てられている。

山道にゴミを捨てる人もいる，困ったものだ

彦谷に処理場ができたわけ

昔、生活の中から出てくるゴミは、紙、金属、ガラス、生ゴミなどだった。金属やガラスはもう一度溶かされて商品になって帰ってきた。生ゴミは庭や畑に埋められて、自然の循環の中に戻っていった。三十~四十年前の日本では、プラスチックゴミなどの埋め立てゴミがほとんど出ない生活をしていたのだ。もちろん処理場などつくる必要がなかった。しかし、世の中が便利になればなるほど、プラスチック製品がふえて、日本各地で、燃や

せないゴミを埋め立てるための土地が必要になった。橋本市でも市民から出る燃やせないゴミをどうしていくかが問題になった。一九六五年頃には、処理場の場所を決めていかなければならなくなり、いろいろな場所を調査・検討した。

いちばん最初の処理場は彦谷ではなく、狼尾峠《ろうどうとうげ》というところを下ったところにあった。埋め立て容積が非常に少なく、すぐに満タンになってしまったので、橋本市はまた新たに処理場の場所を検討した。そして、民家から離れている、街からの交通の便がよい、などの条件を満たした彦谷に決定した。市によると、橋本市が地元住民から土地を買い取り、一般廃棄物処理場ができた。

しかし、区長さんがいうには、橋本市が勝手にゴミを持ってきたそうだ。もちろん彦谷の住民は怒る。話し合いをしたすえ、「彦谷の道をよくする」という条件で合意した。橋本市に確認したところ、「当時のことはわからない。もしかすると、彦谷区長さんには無理をきいてもらった可能性もある」ということだ。

埋め立てが始まった

彦谷の処理場で埋め立てが始まったのは、一九七三年である。しかし、一九八二年頃までは、まだ焼却しきれていない生ゴミが持ち込まれていた。理由は、設備の整っていない焼却炉で焼いたためだ。しかも、運ばれてきたゴミを整理しなかったため、生ゴミによる悪臭が広がり、大量のハエが発生し、電線にはずらっとカラスが集まり、地元住民を困らせた。我慢の限界を超えた地元住民は、橋本市と話し合った。

今から約六年前に、橋本市がおこなっていたゴミ処理場の管理を彦谷区が引き受けることになった。区長さんは、「区が管理するのがいちばんいい。橋本市の役人は、自分たちの土地じゃないと思ってやっているけれど、区は自分たちの土地だからきれいにしようという意識が高い」といっている。今では、処理場からの悪臭は、まったくといっていいほどない。区と市では立場が違うため、問題の認識に差があるのは当然かもしれない。しかし、市に任せきりにするのではなく、地元住民が積極的に参加することで、彦谷のように、お互いが納得できるかたちになっていくのだろう。

ゴミ処理場と生活の変化

生活の仕組みが変わり、プラスチックゴミなどがふえ、中には有害な物質を含んだものも出てきた。そのゴミをそのまま土に埋めると、有害な物質を含んだ水がでたり、ガスが発生したりして、まわりの環境に悪影響を及ぼす。そこで、公害が外に漏れないきっちりとした仕組みの処理場をつくらなくてはいけないと法律でもいろいろなことが定められた。彦谷の処理場にも一九九三年に浸出水処理施設というものができた（一九七三年に埋め立て始めた場所と同じところにつくりかえられた）。それまで、ゴミの上に雨が降って有害な物質を含んだ水が地下水としてそのまま流れ出ていた。それが、彦谷の下にある九度山町にまで流れていたのだ。新しい施設ができたことによって、水を流す仕組みが変わった。水は貯留池にためられ、環境省で定める薬品によって浄化されている。彦谷は九度山よりも高いと

彦谷にある一般廃棄物処理場

ころにあるので水による害はないが、ほかの町に汚水が流れ込んでいたことは悲しいことだ。

処理場の今

処理場はゴミがいくらでも入るわけではない。彦谷の処理場の全容積は、十二万九千立方メートル。二〇〇六年末までに十一万七千三百立方メートル埋め立てられた。あと一万一千七百立方メートルで全容積に到達してしまう。そのため橋本市は、地元の人たちに了解を得たうえで、容量をふやす工事をした。法律で、一割未満の容量をふやすことは認められている。いまの処理場の容積がさらに一万二千九百立方メートルふえることになる。二〇〇五年に橋本市と西隣の高野口町が合併した。そして、二〇〇九年度には広域ゴミ処理施設ができる。ここでは、より多くのゴミがリサイクルされるという。そのため、彦谷に運ばれてくる廃棄物の量はかなり減ることになる。

処理場のこれから

彦谷の処理場は、二〇一八年まで機能する見込みだ。埋め立てが終了すると、そのあとをどうするかが問題である。一般廃棄物が埋められた跡地では、雨が降るとしみた水に有害物質が含まれる。埋め立てが終わったからといってすぐ使えるわけではない。跡地に雨が降ってしみた水には、いろいろな有害物質が含まれている。そのためその処理をしなくてはいけない。

さらに、本来、埋め立ててはいけないもの（腐敗性の食べ残しなど）も入っていて、一酸化ガス、メタンガスなどが発生し、おさまるのに長い時間がかかる。跡地利用の手続きは次のとおりだ。

① 橋本市から和歌山県知事に、この処理場は埋め立てを終了しましたという届けを出す。

② 最低二年以上、処理場からガスの噴出がないかや、水質が安全かどうかの調査をする。

③ 環境基準という環境条件（大気・土壌の汚染、水質の汚濁、騒音など）についての基準がある。その基準を上回ると、人体への影響が心配される。最低二年以上、環境基準を下回らないと土地を使ってよいという許可がおりない。そして、知事が認めてはじめて、彦谷の処理場が土地として使える。

その土地に例えば、運動公園や食事をするスペースをつくりたいのならば、着工する三〇日前に和歌山県知事に計画書を出し、その計画が処理場に悪影響をあたえないと判断されれば、許可が下りて着工できる。ただし、農作物をつくるにはいろいろな制約がある。

彦谷の住民も橋本市も、処理場の跡地を有効に利用したい、彦谷に人が来てほしいと考えている。彦谷の区長さんは、たくさん木を植えて、涼しくして、村の人たちが山菜料理をふるまったり、広場をつくってお弁当を食べたり、小さいエンジンカートに乗って遊んだりできるところにしたいといっていた。橋本市長の木下さんは、例として「動物と触れ合える公園（管理が大変だが）や、さくらを植えて芝生をはって公園（管理がしやすい）にするのがいいのでは」と提案されていた。埋め立ての跡地利用について、全国の事例を調べ、彦谷に合った跡地利用をしていく予定である。

全国の跡地利用の事例のひとつとして、札幌市にある「モエレ沼公園」がある。

一九七九年からゴミの埋め立てが始まり、一九九〇年のゴミ処理場閉鎖までに約二百七十万トン以上の廃棄物が埋め立てられた。一九八二年に公園の造成工事が着手され、一九八八年に彫刻家イサム・ノグチが計画に参加し、「公園をひとつの彫刻」とするダイナミックな構想により、モエレ沼公園が設計され、二〇〇五年にオープンした。約百八十八へクタールもの広大な土地に、野外ステージや野球場、イサム・ノグチがデザインした遊具などがある。六月〜九月にかけては、モエレビーチが開放され、冬には、クロスカントリースキーやスノーボードが楽しめるなど、一年を通して遊ぶことのできる公園だ。

地面の下には、たくさんのゴミが埋め立てられているが、今ではきれいな公園として有名になった。うまく利用しているなと思う。

できたらゴミ処理場はない方がいい。だが、それはできない。どこかに必ずつくらなければならない。だとすれば、将来的に素敵な場所になった方がいい。

多くのゴミ処理場では、埋め立てが終わっても跡地が利用されず、空き地や雑木林になっている。しかし、人が少し手を加えれば、モエレ沼公園のように人々の役に立つものに生まれ変わることだってできるのだ。彦谷の処理場の埋め立てが終わり、跡地の利用について協議されるのは、まだまだ先のことかもしれない。でも、みんながまた来たくなるよ

モエレ沼公園

うな素敵な場所になればと思っている。

彦谷の跡地利用は、市の事業としておこなわれ、市の予算を組んで議会で承認を得たうえで実行に移される。管理は地元住民に任せるのもひとつの手だろう。地元の人や、ほかの団体が跡地を取得することもできるそうだ。

道路

ゴミ処理場をつくるとき、橋本市が彦谷住民と約束した「彦谷の道をよくする」という条件は何十年たっても実現しなかった。しかし、最近になってやっと、彦谷の道が途中まで広くなってきた。

工事をする業者が決まれば、二〇〇八年度中には国道のあたりまで広くなるそうだ。推測だがその最大の理由は、私たちの学園ができて、人がふえたからだろう。現在の橋本市長のおかげもあると思う。

きのくに子どもの村とゴミ

彦谷では学校ができたためにおこった問題もある。それはゴミだ。わらじ組の先輩が子どもの村のゴミ問題について書いたものを抜粋して紹介する。

きのくに子どもの村では、一日約八キロものゴミが出ている。単純計算すると一年あたり、八キロ×週五日（平日だけとする）×四週×八ヶ月（夏休みなどの休みを除く）なんと、一、二八〇キロ、つまり一トン以上でている。

私たちのクラスはこの問題を解決するため、生ゴミ処理機を使って生ゴミを乾燥させ、以前は鶏の餌として再利用していた。しかし、その餌を食べた鶏が次々と死んでいった。私たちの食べものは、鶏にとって塩辛く、脂っこかったのが原因ではないだろうか。現在は、乾燥したものを肥料にしている。しかし、リサイクルしたからといって問題が解決したわけではない。まず、これだけ多くの生ゴミが出ているということ自体について考えていかなければならない。

おやつのゴミ

私たちの学園では、毎日おやつが出る。しかし、そのゴミが意外と多いのだ。昔の話なので資料はないが、昔はパンや団子など包装されていないものより、ポテトチップスや包装されているもののほうがたくさん出ていた。たしかに包装されていると持ち運びが楽で、保存にも便利だ。しかし、とうぜんゴミの量はふえる。

この問題は二、三年前に全校ミーティングの議題に出され、結果は、「あまり包装されていないものをおやつにしよう」ということになった。その後、おやつから出るゴミは減少した。

弁当のゴミ

私たちの学園では、運動会や卒業式など、行事のときに喜八さんという橋本市内の仕出し屋さんに弁当をつくって届けてもらっている。でも、この弁当の容器はいつも使い捨てなので、たくさんの量のゴミが出る。「これはもったいない」というので考えられたのが弁当箱の再利用である。今では、きのくにのマークが入った弁当箱が使われ、使い終わったら洗って再利用している。ちなみにこの弁当箱は小学生用と中学生用があり、書かれていることばがそれぞ

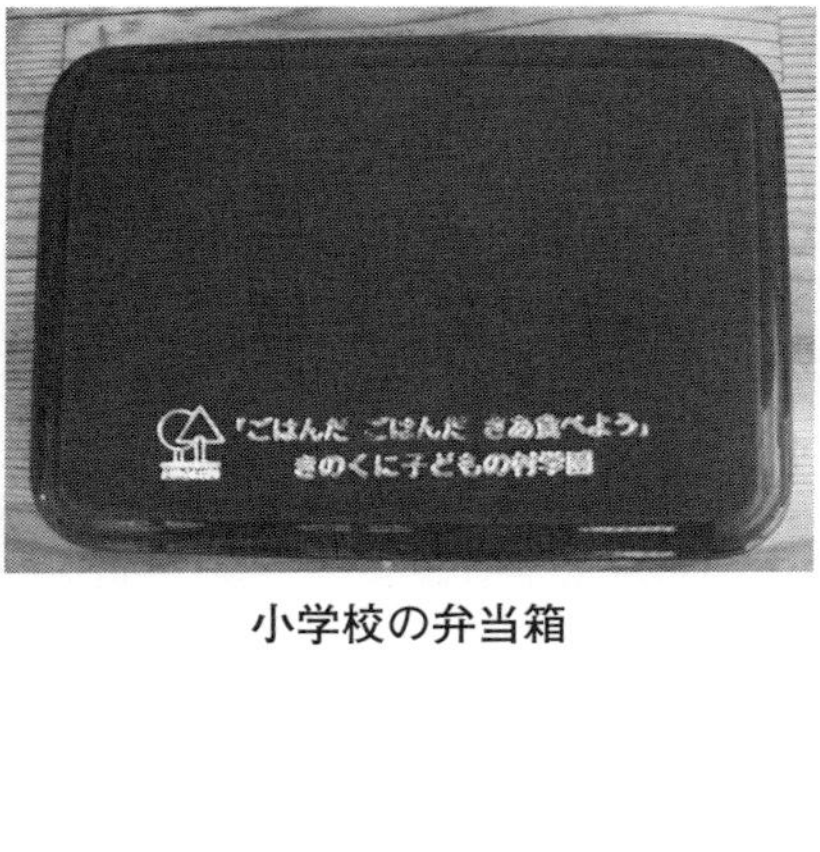

小学校の弁当箱

れ違う。小学生用は「ごはんだ、ごはんだ、さあ食べよう」で、中学生用は「千里の道もごはんから」である。これも学園の子どもたちが考えたものだ。

山羊ボックス

私たちの学園では、毎日たくさんの紙が捨てられている。コピーに失敗した紙、古紙、中には裏が白紙でまだ使えるものまでありかなりの量だ。これはもったいない！ということでできたのが「山羊ボックス」である。いわゆる「いらない紙」入れをつくったのだ。ここに入れられた紙は、ちゃんとリサイクルされている。

（わらじ組編『山の中から彦谷を』七〇―七三ページ、改訂版五三―五五ページ。）

私たちは、学校のある村にゴミ処理場ができて、埋立地のゴミの量がふえていくのを見ても、それについて、深く考えたことがなかった。というか、どこか他人事に思っていたのかもしれない。しかし、調べていくうちに、ゴミ処理場の問題は、他人事ではなく私たち一人ひとりの問題なのだと思った。一人でも多くの人がこの問題について知り、考え、行動することで、ゴミの量は減っていく。

ダム

一九三七年頃、丹生川に「紀伊丹生川ダム」建設の話が出た。しかし、二〇〇二年、建設は中止になった。丹生川とは、高野町富貴を源流とし九度山町で紀ノ川と合流する、全長約十五キロの川だ。彦谷もその流域にある。私たちの学校からも車で三十分というちょうどいい位置にあるため、よく遊びにいく。夏には、ホタルだって見られるのだ。

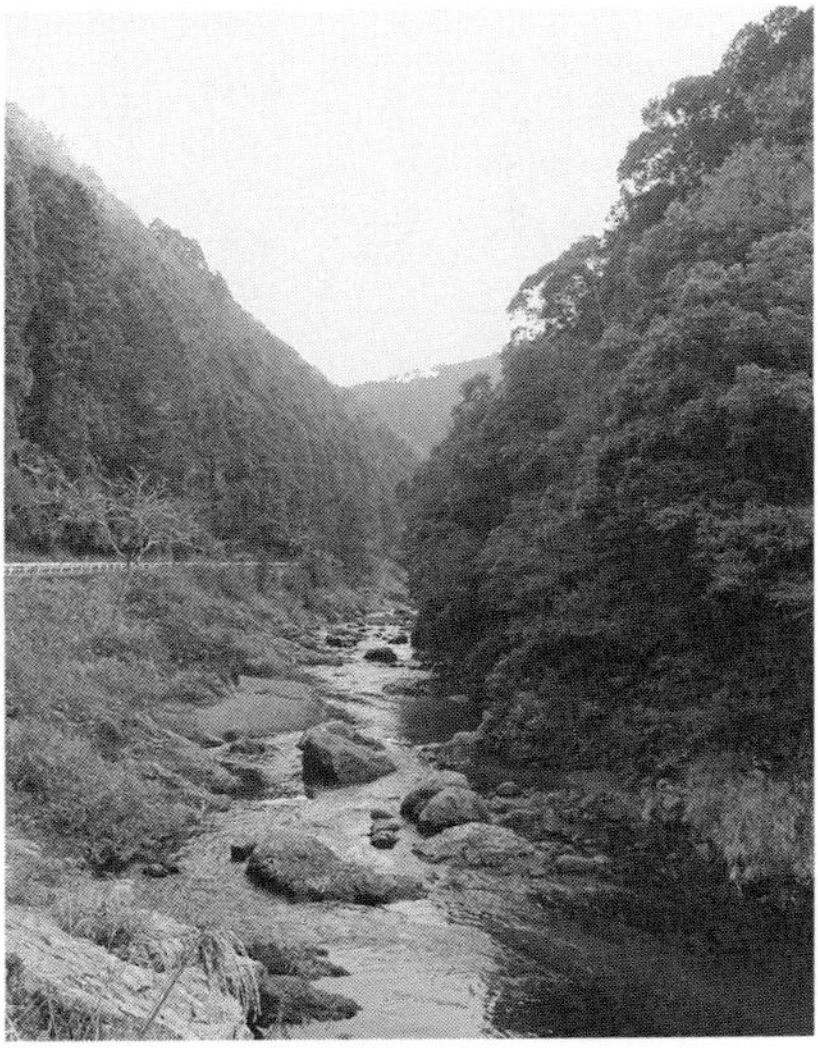

ここもダムができると，沈んでいたかもしれない

紀伊丹生川ダム建設事業とは?

明治以前の日本には現代のようなダムはなく、あったのは溜め池のような小規模なものに限られていた。一九〇〇年、日本で初めてコンクリートダムが完成し、そのあと全国で

現代のようなダムが計画・着工されはじめた。はじめの頃は、水力発電専用のダムを建設していたが、時代とともに洪水調節や都市用水などへと目的が変わった。

丹生川に何かをつくるという話が出たのは、戦争中の一九三七～三八年頃である。区長さんによると「溜め池をつくって道も整備しよう」というものだったそうだ。当時の丹生川流域では農業が盛んで、農業用水を確保するために、溜め池が必要だった。しかし、戦争が激しくなり、溜め池の話は消えてしまった。当時の日本では、戦争によって中断された河川事業がいくつもあった。終戦後、高度経済成長にともなって、全国にダムがたくさん建設されるようになった。各地で中断されていたダム事業は再開され、丹生川ダム開発も具体的になっていった。丹生川にダムを建設することが決定的になったのは、一九五三年の紀州大水害である。この台風は丹生川流域にも大きな被害をおよぼした。彦谷も大きな被害を受けた。このような被害を防ぐには、川の上流にダムをつくり、流れ込んだ雨水をいったんダムに溜めてから、時間をかけて下流に流せばいい。区長さんは「紀州大水害で丹生川流域が大被害を受けて、溜め池をつくる計画が次第にダム建設へと変わっていった」といっている。

丹生川ダムの建設目的は、次の三つである。

① 丹生川および紀ノ川下流域の洪水被害を少なくする。
② 渇水時などに水を供給し、安定した川の流れを確保し河川環境をよくする。
③ 新たな水資源を確保する。
ダム建設については、賛否両論があった。これから、それらを紹介する。

ダム建設反対派の意見

ダム建設については、反対する人たちがたくさんいた。もちろんダム建設によって沈む地域の住民も反対していた。中心になってダム事業に反対していたのは「紀伊丹生川ダム建設を考える会」だ。丹生川周辺の自然環境を守るためにダム計画の撤回を求めて活動していた。反対派があげていた、ダム建設に対する問題点をいくつか紹介する。
① 丹生川は紀ノ川流域における洪水原因にはならない。
② 紀ノ川、丹生川ともにこれ以上の治水計画は必要ない。
③ 完成したダム湖に水を貯めるには、約二年かかる。その間下流の水量は激減し、生態系が大きく変わってしまう。
④ 完成したダムは、和歌山市と大阪府南部に水を供給するために計画されていたが、

大阪では水不足は解消されている（のちに、和歌山市も水需要を見直した結果、新規水資源の必要性がなくなったとして、ダム事業から撤退している）。

⑤ 丹生川は、県立自然公園であり、県指定名勝にもされている保護区であるため、建設は景観をこわす。

反対派は、丹生川にダムは必要がなく、ダムに代わる治水計画として、「緑のダム形成」を提案していた。緑のダムとは、コンクリートダムではなく、保水力のある木々、つまり自然が本来もつ力を使って治水する方法だ。

ダム建設賛成派の意見

意外にも、丹生川流域に住む地元住民の中にはダム建設に賛成していた人たちもいた。その理由を子どもの村の先輩である石川優さんが二〇〇一年に詳しく調べているため、ここで紹介する。

建設省は、ダム建設と併せて「地域復興計画」を計画している。これは、水源地域の生活環境および産業基盤などの整備（道路整備や治山など）により、地元住民の生活の安定と福祉の向上を図り、再び村を活性化させることを目的とした計画である。（省略）丹生川流域の村々では過疎化・高齢化が進みつつある。（省略）地元の人たちの一番の生活手段である林業が不況のため、若い人たちが村を出て大阪や和歌山市などで働いているためだ。このままだと、将来的に廃村になる村が出てくることはまず間違いない。地元の人たちは、ダムによる「地域復興計画」に村の将来を託している。地元がダム建設の見返りとして建設省に求めていること―それは、一番には道路整備と治山である。手入れをしなければ、山は荒れ放題になる。木を切ったり草刈りをしなければ、道はなくなってしまう。村の人口が確実に減りつつある今、国が舗装した道をつくってくれるというのだから、こんなありがたい話はない、というわけだ。（石川優『紀伊丹生川ダム建設事業の是非を問う』二六ページ。）

区長さんは、反対でも賛成でもない中立の立場だった。ダムができても彦谷は沈まない。むしろ沈む村から人が引っ越してきて、にぎやかになるかもしれないという期待のほうが大きかったようだ。

ダム建設事業のその後

二〇〇二年、紀伊丹生川ダムは建設中止となった。理由は大阪や和歌山に水を供給する予定だったが、どちらもすでに水は足りていて、ダムから水をもらう必要がなくなったためだ。また、ダムをつくって水力発電で電気をつくるよりも、火力発電のほうが安く電気をつくれるためダムそのものの必要性がなくなったという理由もあった。

ダム建設は中止になったが、それまでの予備調査にたくさんのお金が使われた。二〇〇〇年度の調査費だけで三億七千万円だ。当初、紀伊丹生川ダム建設の総事業費は千五百六十億円だった。そのうちダム本体にかかる費用は六百三十億円だ。調査費だけでこれだけのお金がかかる。もちろんこれらの費用は、すべて税金でまかなわれている。ダム事業って大変だ。

ダムについて学園長の堀さんにも話を聞いた。堀さんは、「本当にダムをつくりたかったのかわからない。橋本市内に建設事務所はあったが、いつまでたってもダム計画が本格化しなかった」といっていた。そして意外にも、このダム問題はきのくにともかかわりがあったのだ。一九八五年、堀さんたちは、当時すでに休校になっていた彦谷小学校を新しい学校の校舎に使いたいと、県に頼んでいた。しかし、いろいろな理由で、使ってもよいという許可はおりなかった。その理由のひとつが、ダムの話がはっきりしないとなんともいえないというものだった。ダムができると上流にある村は沈む。すると、そこに住んでいた人は住む場所を失い、彦谷に引っ越してくるかもしれない。子どもがいたら彦谷小学校は必要になる。つまり、学校の校舎は貸せないというのだ。

このほかにも、ダムの話がはっきりしなかったため、すすまなかった計画があった。当時の橋本市長さんたちは、ダムの周辺に橋本から高野山を通って、龍神、田辺まで続く道をつくろうとしていた。しかし、ダムのことがはっきりしないため計画がすすまず、いまだに道はできていない。ようするに、丹生川周辺の開発がおくれたのだ。なかなか決まらないダム計画に振りまわされた住民の中には、自分の家のお墓が沈むため、早々とお墓の場所を移したが結局ダム計画は中止になり、移した意味はなくなったという人もいたらしい。その話を聞いたときはとても驚いた。

区長さんは、ダムができなくてよかったといっていた。自然がのこってよかったからではない。「たとえダムができて道ができても、彦谷が昔の人口に戻ることはなかっただろう。ダムをつくる話があった頃は、先のことなどわからなかった。中途半端になってしまうなら最初からしないほうがいい」ということだ。つまり村が活性化するかは、ダムがじっさいにできてみないとわからないのだ。ほかの村の人は、道ができて山が手入れされたほうがよかったのかもしれない。

私たちははじめ、自然がなくなるという理由でダム建設に反対だった。でも、区長さんや学園長の堀さんにインタビューするうちに、もし自分が当時彦谷に住んでいたらどう思っていただろうと考えるようになった。たしかに自然がなくなるのはもったいない。でもダムができることによって村が活性化するとはっきりわかっていたならば、やむをえないと思っていただろう。むしろ沈む村から、人が引っ越してくるかもしれないという期待さえあったと思う。反対に沈む村に住んでいたら、もう二度と故郷には帰れないという悲しい思いでいっぱいだったと思う。

たくさん調べて考えた今、あらためて感じるのは丹生川にダムが建設されなくてほんとうによかったということだ。ダムができたとしてもこの地域が活性化していたかわからない。わからないことで、この豊かな自然がなくなってしまうのはすごくもったいないことだと思う。

第六章

村に自由学校ができた

村に唯一あった学校も、過疎化とともに子どもが減り、一九八七年に休校になりました。彦谷が生き残るためには、学校が必要です。学校があったら子どもがふえ、にぎやかになるはずという区長さんの強い思いがありました。その思いが互いを引き寄せるかのように、堀さんと区長さんは出会ったのです。堀さんは学校を建てる場所を探していました。そして一九九二年、きのくに子どもの村学園が開校。村の人たちも学校ができたことを喜んでくれています。今、彦谷にとって私たちの学園はとても大きな存在になっています。

彦谷ときのくに子どもの村

子どもたちが「ぼくは自分が好きだ」とか「生きるのはこんなに素晴らしいことだ」という実感をもって、自発的に生きる場としての学校が彦谷につくられた。

新しい学校をつくる会

一九八六年、日本にもイギリスのサマーヒルのような素敵な学校をつくりたいという思いで、「新しい学校をつくる会」がスタートした。堀さん（堀真一郎）も含めて、この仕事の中心になったのは、自分の子どものために学校をつくろうと思った人たちだ。堀さんはその頃、大阪市立大学の教授だったが、「ただ資料を読んで原稿を書くだけの研究者にはなりたくない」という思いももっていた。日本の現在の学校では「自由な子ども」を育てるのには向いていない。少なくとも「十分に」向いていないのは間違いないだろう。このような思いから「つくる会」に集まったのは六名だ。もちろん将来に向けてのしっかりした展望があったわけではない。しかし目指す学校のあり方だけははっきりしていた。

きのくにの基本的なあり方

①自由学校＝子どもの自己決定や自己選択を何より大事にする
②体験学習＝子どもたちは体験を通して総合的に学習する
③小学校　＝最初につくるのは小学校である
④学校法人＝認可を受けた正規の私立学校とする
⑤同一給料＝教職員の基本給は全員同額とする
⑥週末帰宅＝大阪から片道二時間以内のところにつくる

「つくる会」はまずニイルの本を読んだり、学校教育法などの法令を勉強したり、富士宮市にある自由保育で知られた「野中保育園」を見学したりと活動を始めた。

彦谷の岡室区長さんとの出会い

一九八五年、堀さんは、新しい学校の候補地を探して、橋本まで来ていた。そして、通りがかりの新聞配達の青年に教えてもらった不動産屋さんで「国城山《くにきさん》に空き家がある」と紹介された。家主の木下さんは市会議員で、もとは農協の指導員をしておられた。今は橋本市の市長さんだ。

そして、堀さんたち「つくる会」は、その施設「山の家」に拠点を置き、候補地探しなどを本格化させた。木下さんは、子ども三十人くらいは泊まれるようにと、風呂場とそのためのタンクの新設、台所と飲料水タンクの改装などで、何百万円も使われたにちがいない。

府県	町・村	
和歌山	粉河町・下友渕	元小学校
〃	〃	民家
〃	清水町遠井	元小学校
〃	清水町沼	〃
〃	高野町林	〃
〃	かつらぎ町	〃
〃	金屋町	ミカン山
〃	那賀町	〃
〃	西畑（山の家）	
大　阪	千早赤阪村	山
兵　庫	山崎町	〃
鳥　取	高町	元小学校

候補地としてあがっていた場所

一九八六年の秋、山の家合宿が始まってまもなく、木下さんから「彦谷にもうすぐ休校になる小学校がある」ということを聞き、彦谷区長の岡室猛彦さんに会いに行った。「休校になる橋本市立彦谷小学校の施設を借りて、新しいタイプの学校をつくりたい」と説明すると、岡室区長さんはすぐに賛成してくれた。区長さんは、どんな形でもいいから彦谷に学校をつくりたかったという。そして、村の人たちとの間をとりもってくれたり、市とのやりとりに走り回ったりと、さまざまな苦労をしてくれた。彦谷は過疎の村で、当時人が住んでいる家は一八戸しかなかった。若い人はどんどん街へ下りていき、残ったのは中年から老年にかけての人がほとんどだった。

「こんな過疎の村を守りたい。」

これが区長さんの願いで、その思いは長男の幸彦さんも同じであった。区長さんが「わしは堀先生の夢にかけさせていただく」といったのを堀さんははっきり覚えているという。しかし、小学校の譲渡の話はうまくいかなかった。いくつかの事情のために難航したのだ。つくる会には実績も資金もなかったので、市当局の信用も得られなかった。

きのくにの候補地として彦谷以外のところは、堀さんたちの念頭からなくなっていた。それは区長さんをはじめ地区の人たちとの付き合いもふえ、相互の理解も深まっていたからだ。村の人たちは少しでも彦谷がにぎやかになってくれれば、と喜んでくれていた。大阪の中心から近い。そして何よりも自然が豊かである。大阪市立大学で教えていた堀さんにとってこんなにいい条件はなかっただろう。最後の理由は、すでに彦谷に「きのくに子どもの村・村の家」という宿舎を建てていたからだ。景色がすばらしく、当時は小学校の譲渡がうまくいく可能性があったので、この「村の家」は学校ができたら寮にできる、と考えていた。

だが彦谷小学校の譲渡交渉はうまくいかず、方向転換して自前の土地と建物で開校を目指すことになる。

方向転換をして新たに始まった学校づくり

一九九〇年、バブル真っ最中に、やっと村の人や隣の村に住む地主さんたちに了解を得て、現在の小中高と運動場にまたがる農地と山林が取得された。

そして、ミキハウスの木村皓一社長から支援の約束をいただいて、ようやく本格的な学校開設の準備が始まったのだ。

この年の三月から国土法が改正され、三百平方メートル以上の土地買収には事前に届け出が必要になった。ほかにも農業振興地域（農振）の問題があったり、買い取る農地と道路との境界線が決まっていなかったので、改めて正式に測量をして、橋本市や地主全員と話し合ったりなど、気が遠くなるような手続きが必要になった。これにもお金や時間がかかる。しかし幸運がどういうわけか続いたのだ。

まず土地売買価格の届け出の件は、規制が三月一日に始まる。それまでに契約が成立していれば免除されるという。契約は一月末だったので間一髪で難を逃れた。次は農振の指定解除。和歌山県の県庁に現地の実情と学校開発計画について説明すると、当該の田んぼは過去十数年間まったく耕作されていないから、という理由で異例ではあったが「手続きなしで解除しよう」ということになった。

土地の測量にはとても費用がかかったが、一九九〇年四月下旬には、官民境界明示も無事に終わり、市の農業委員会から農地転用の許可が出た。

次に、この取得した用地をグラウンド用地として使えるようにしなければならない。なんといってもそこは土地の人がいう「深田《ふけた》」だ。昔は腰までつかって田植えをしていたというくらい、やわらかい土だった。

その大変な工事を請け負ってくださったのは中谷勇さん（故人）。費用は全部合わせると一千百万円だった。通常この作業は最低でも四千万円はかかるらしい。

そのほかにもきのくにには本当に多くの方々からの支援によってスタートした。小学校と寮は、堀等さんが格安の費用で引き受け、開校に間に合わせて建ててくださった。そして多くの方からの寄付金でつくられた。支援してくださった方々が堀さんを信じていたから、ここまで大きく立派な学校ができたのではないだろうか。

岡室区長さんは、

「きのくには彦谷を救った神様だ」

という。

「やがて彦谷は『学園村』と呼ばれ、橋本市の中心になる。」

これが区長さんの予言だ。

（わらじ組編『山の中から彦谷を』四一―五〇ページ。）

学校ができたことで、たくさんの子どもたちが彦谷にきて、前よりもにぎやかになったことを村の人はすごく喜んでくれている。しかし、学校が休みのときはもとの静けさにもどってしまう。むずかしいことかもしれないが、一人でも多くの人が彦谷に住んでくれればうれしい。

第七章

過疎の村の人へのインタビュー

――過疎化を語る

村に長く暮らしてきた人たちは、現状についてどう考えておられるのだろうか。生の声が聞きたくて、何人かの方に再度お願いしてお話をうかがいました。その中から紹介します。

1 織尾千恵子さん（彦谷生れ。村の人と結婚。八十六歳）
　岡室　照子さん（下の町から嫁いで来て六十年。八十二歳）

2 中西啓次郎さん（隣村の元区長さん。八十三歳）

3 平木　哲朗さん（橋本市の市長さん。六十二歳）

聞き手　きのくに子どもの村学園「わらじ組」の中学生

村が生き残るためには学校が……

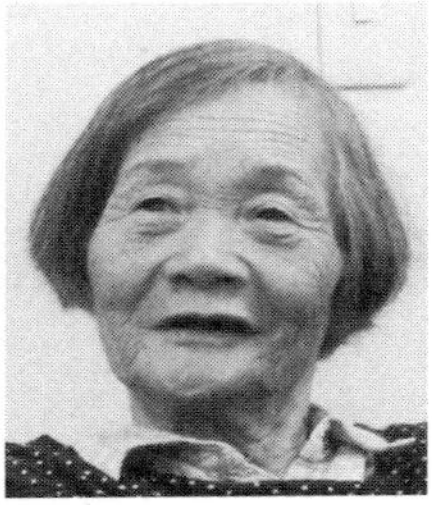

彦谷区在住
織尾千恵子さん
岡室照子さん

Q　橋本市立の学校は三十一年前になくなったそうですが、村の人たちはきっと寂《さび》しかったでしょうね。

A　小場谷さんの息子さんが最後で、一九八七年の三月に小学校を卒業して、とうとう一人もいなくなってしまいました。それで、隣の村の谷《たに》奥深《おぶか》や宿《やどり》、つまりこの校区全体の人が体育館に集まって話をしたんです。もっとも集まったのはほとんど男の人ばっかりでした。

近くの丹生川《にゅうがわ》にダムができるという話もあって、そうすれば工事の人が来て、子どもきて、またこの学校が必要になるかもしれん……というような話もあった。

私らの家では、まだ就学前の小さい女の子がいる。どうしてくれると教育委員会に聞いたら、毎日タクシーで下の学校まで送り迎えするというんですよ。

うちのじいちゃん――区長の岡室猛彦《おかむろたけひこ》さん、故人――は、このままでは地球上からこの村が消えてなくなる。なんとしても残したい。彦谷という地名だけでも残さんといかんと、それはそれは必死でした。

それまでは、たくさんの人が村へきて「ええとこやなあ。こんなところに住みたい」なんていうけど、村の行事やら、水源の掃除とか道路の草刈りとかの共同の仕事やら、いろいろなお付き合いやらの話をすると、首を縦に振る人はいませんでした。

うちのじいちゃんは、村が生き延びるためには、学校を残すのがいちばんいいと、いつもいっていました。

Q この彦谷の村に、私たちきのくに子どもの村の学校が来るという話が出たとき、村の皆さんは、どんなふうに思われましたか。

A 堀先生が学校の話をもってきてくれたとき、じいちゃんは「堀センセ、センセは本気かよ」っていうたら「もちろん本気ですよ」といわれて、それで「センセが本気ならオレもホンキを出すよ」っていうて、それで学校づくりが始まったんです。もうひとりの堀さん、ほら、棟梁の堀さんね、あの人も「区長のたけちゃんが本気なら、わしも本気で学校を建てさせてもらう」とまあ、そんなふうにして始まりましたね。そんなわけで村を守るためにみんな必死にがんばりました。

A　村の人というのは、他所《よそ》から入ってくる人があると、いちばん先に警戒心がありますやろ。私だって下の村から嫁に来た時は「よそもん」でしたからね。

きのくにさんの学校がくるというんで、反対した人もありました。なんでも自由な学校らしい、好き勝手するんではないか、問題のある子がたくさん来るかもしれん、村は大丈夫か、挨拶もできん子ばっかりじゃなかろうかとか、そんなことをいってね。

A　私らも、はじめはちょっと警戒したけどねえ、町の子らはどんな子かわからんし、挨拶もできなんじゃないかとか……。

それでも、村の集まりでは、堀先生たちの学校としてつかってもらおうということで、村じゅう全員で署名して橋本市にたのんだのでした。けっきょく、うまくいかなんだけど。

実際に学校が始まってみると、畑の白菜を踏んだり、夜は「さびしい」って泣く子の声が聞こえてきたり、犬の散歩で井戸の近くでおしっこさせたりとか、そんなことで苦情をいう人もありましたよ。

Q 今はどうでしょう。

A はじめはそんなことも思ったけど、今は見てごらんよ。朝になると、みーんな「おはようございます」っていいながら寮から降りてくるし、学校から帰ってくると、「ただいま」っていってくれる子もある。

今では、村の人はみんな「来てもらってよかったなー」っていってます。そうでなかったら村はなくなっていたかもしれないし……。

山の値打ちが下がって村が寂《さび》しくなる

隣の谷奥深《たにおぶか》区の元区長
中西啓次郎さん

Q 区長さんは、村ではどんなお仕事をされていたんですか。

A わし、八十三歳になりますけど、生まれた時からずっと今までこの彦谷の隣の谷奥深《たにおぶか》の村に住んでいます。中学校を出てから炭焼きをしていました。昔は木炭は、よう売れたんです。今みたいに石油なんかありませんからね。

村の寺のもちまきの時なんかも、川の向かいの村からもたくさんの人が来てくれたりして、それはもう賑やかでしたね。十二月の第一日曜でした。今も続いてますが、昔にくらべたら寂しいかぎりです。

戦前は、村に十八軒か十九軒の家があったんですが、今はもう空き家だらけですわ。

Q 今はもう炭焼きはしていないんですか。

A 昔は、炭焼きのほかに山の手入れも大事な仕事でした。下草刈りとか、植林とか……。昔の山には値打ちがあったんですよ。建築現場で使う足場の木なんかでも、一本八百円もの値段で売れたんです。

山の木も売れなくなりました。山の木を伐採するとすぐに苗を植えたものです。たくさんの人に手伝ってもらってね。ところが、最近は、山はあるのに伐採もしない、植林もしない。伐採も植林も全然していないです。かつては山道で大きな材木を積んだトラックによく出会ったものです。今はもう、そんなトラックに出会うこともありません。とにかく山の値打ちがなくなってきたんです。

Q 村で新しく始めたことはありますか。

A 過疎化が進んで、これではいかんと、ウメとミョウガをつくりはじめました。一時は、とてもよく売れたんですわ。それだけでやれたときもありました。今もやっていますけど……、まあ、しかし年寄りだけでやっています。

今の若い子らは、みんな街へ出てしまって、年寄りだけが残っていますが、その年寄りも一人になると、下の町にいる娘の家へ行って、家の手伝いなんかをしています。こうなると村にはますます空き家がふえるんです。なにしろ山の村には仕事はないし、山の手入れもないしね。山の村はさびれてしまうんです。

今は新しい区長さんが頑張っているけれど、その区長さんもいなくなったら、その家も空き家になります。息子も娘も帰ってきそうにもありません。

Q 区長さんの村から彦谷の村の学校へ通っていたんですね。

A そうです。歩いて四十分くらいかかったかね。子どもの数は多い時で小中あわせて七十人くらいいたと思います。学校までみんなで歩くんですが、なにしろどの家でもサツマイモの入ったおかゆのような朝ごはんが多かった。だから歩いているうちに、腹がへるんです。それで家で作ってもらった弁当をすぐに食べてしまう子も多かったです。

それはともかく、彦谷の村の人は喜んでいますよ。学校が来てくれて、子どもの声が聞こえて、にぎやかで、村の人はみんな「よう来てくれた」と思っていますよ。

過疎の村の振興のために

橋本市長
平木哲朗さん

Q　橋本市の市長さんになられてから、町づくりについてどのように考えてこられましたか。

A　橋本市も高齢化と人口減少が進んでいます。全国平均では六十五歳以上の人は約三十一パーセントですが、橋本では四割を超えています。子どもの貧困化も軽視できません。今後の十年間の長期総合計画によって、役所だけでなく、市民もいっしょになって取り組んでいきたいと思っています。

企業誘致を進める、転入してくれる人がふえるようなアピールを強める、橋本市は養鶏が盛んなので「橋本オムレツ」「柿の葉寿司」「はたごんぼ（畑地区特産のごぼう料理）」などの名物料理を充実させて宣伝する、コミュニティバスや予約制タクシーなどで市民の便宜を図る、最大手のスーパーと提携するなど、いろいろ考えています。

Q 私たちの学園のある彦谷地区についてはどのようにお考えでしょうか。

A 彦谷は学校があって、子どももたくさん来てくれているので、ほかの過疎の地区より恵まれています。どこの村でも高齢の人がふえるのは避けられないけれど、それぞれ努力しています。空き家を有効活用するプランを練ったり、移住してきてくれる人を誘ったり、地域おこし協力隊と手を組んだりしています。総務省の補助金事業の申請をしたり……。役所に頼るだけでなく、村の人からもいろいろな提案をしてもらいたいと思っています。

Q きのくに子どもの村学園についてはどのようにお考えですか。

A いい学校だと思います。橋本市内の子も入っていますし、学園の考え方ややり方も素晴らしいです。堀先生の本も読ませていただきました。万が一、村の人がいなくなるようなことがあっても、市としては水道の確保や道路の整備など、学校があるかぎり応援を続けます。がんばりましょう。

村の人のお話を聞いて

『山の村から世界がみえる』が発行されて十年。村の人はさらに減ってしまいました。けれど彦谷という山里で産声を上げた私たちの学校は、子どもの数がさらにふえて元気いっぱいです。二〇一八年度の「わらじ組」の中学生たちは、村の方などからお話を聞いてさまざまなことを思い、考えました。

橘髙　雫（中学一年）

村がなくなってしまったら、学校はやっていけなくなるかもしれない。

私は学校も村もなくなってほしくない。子どもの村は大きくなって。毎週たくさんの人が見学に来る。村の人が少なくなっても私たちの学校は彦谷にある。多くの人に彦谷という村があることを知ってほしい。

ガディア貴和乃　（中学二年）

『増補　山の村から世界がみえる』の本にかかわるようになって、村の人の話を聞いて感じたのは、かつては彦谷の自然がとても豊かだったことだ。今もきれいだが、私が小学生の頃にくらべても、タンポポやグミなどの植物をあまり見なくなったように思う。十年後の村の自然が気になる。きのくにの学校は村の人にずっと助けられてここまで来た。これからは村の人の手伝いなどをして交流を大切にしていきたい。

久保日向太　（中学二年）

ぼくは、この本をつくっていくうちに、いま日本で起きている高齢化や少子化などの社会問題に目を向けるようになった。本のタイトルのように、ひとつの過疎の村を調べると日本全体の問題が見えるようになり、さらに、世界の問題へとつながっていくと思った。

武田帆加　（中学二年）

このまま過疎化が進み、村の人がいなくなったら、私たちの学校は今のようにやっていけるのだろうか。電気や水道は通るとしても、今、村の人がしてくれている道の掃除やごみ処理所の当番はどのようにしていくのだろう。台風二十一号のときに、道に落ちた枝や木などを全校生徒が掃除したように、きのくにの子どもも大人も村の仕事をもっと積極的にしていくべきだと思う。

出口真理子（中学二年）

村の人のお話を聞いて「この村に住んだら自分の生活はどう変わるのだろう」と考えた。不便なことも少なくない。病院やスーパーに行くにも車でも片道三十分かかる。けれど、星がきれい、空気が澄み、水がおいしい。都会では真似ができない。なによりも、私は、彦谷に来ると家にいる時より気持ちがラクになる。だからこの村がなくなるのは本当にイヤだ。もっといろんな人に彦谷を知ってもらいたい。

日置一実（中学二年）

私は、わらじ組に入るまでは過疎や人口について、まったくといっていいほど興味がなかった。問題の暗い面や、地味な面しか見てこなかったからだと思う。けれど、今年度に入って『山の村から世界がみえる』の増補版に取り組んでいるうちに、自分から過疎の問題について考えるようになった。先輩たちが書いた原稿を読んでこんなおもしろい考え方もあるんだと感動したからだ。だから、私も自分で山の村や過疎のことを書いて伝えていきたい。

井本孝明（中学三年）

彦谷は山奥なので、村の人たちは、山の掃除も自分たちでしないといけない。不法投棄された大きなゴミがある。私たちの学校のおやつのゴミが道に落ちていることもある。また、道が舗装されて便利になったが、落ち葉は腐らずに残るので掃除しなければならない。村の人の仕事はたくさんある。私たち学校の人たちも定期的に村の掃除などをしなくてはいけない。

若月麻矢（中学三年）

今回は前とは違って聞きにくい質問にも答えてもらった。お話で特に印象に残ったのは、きのくに子どもの村学園は、歓迎されてこの村に開校したと思っていたが、「よその人」と警戒されることもあったという。また、それまでは村の水道で使っていた自然の水に塩素が入ったこと。大勢の学校の子どもが使う水なので役所の規準もきびしくなる。村の人たちは、塩素臭さをがまんしてくださったのだ。いろいろ迷惑をかけてきたのに、今では、いろいろ教えてもらったり、やさしく声をかけてもらったり、本当によくしてもらっている。感謝でいっぱいだ。千恵子さんと照子さんに、いま困っていることを聞くと、「車の運転ができないから、山を降りるときに不便」といわれた。学園のバスが橋本駅に降りる時に乗ってもらうなど、もっとお手伝いができると思う。

ハムリン莉咲　（中学三年）

二〇一八年の夏休みに、長崎県の東彼杵町に新しくできる子どもの村のサマースクールのボランティアとして参加した。この町の渡邊町長さんにお話しを聞かせてもらった。私は、子どもの村のことを多くの人たちに受け入れてもらえているのを知って本当にうれしかった。子どもの村への入学希望者はふえる一方だ。韓国からの見学の人たちとの交流もふえ、子どもの村が韓国でも知られている。きのくにのような自由な学校は前向きにふえている。私がはじめてこの村に来た時は、ここに人がいるのかとさえ思った。でも、小さな彦谷の村から子どもの村は広がっている。彦谷は「大きい村」になったのだ。

「わらじ組」という正式の担任のいない変わったクラスで、この三年間にとくに過疎化などの社会問題にこだわって活動してきた中学生は次の通りです。みんな、よくがんばりました。

二〇一六年度
渕上うた、青木絵里、山根功太郎、ナタリそら、馬淵春菜、佐伯遼亮、山崎桃花、坂本侘助

二〇一七年度
岸本満月、武田帆加、出口真理子、日置一実、藤岡みゆ、古屋仁子、増田明佳、若月麻矢、ハムリン莉咲、西田周平、徳本ちから、渕上うた

二〇一八年度
橘髙　雫、ガディア貴和乃、久保日向太、武田帆加、出口真理子、日置一実、井本孝明、若月麻矢、ハムリン莉咲

〈参考文献〉

・きのくに子どもの村中学校わらじ組編『山の中から彦谷を―小さな村の素敵な学校―』二〇〇五年。
・きのくに子どもの村中学校わらじ組編『山の中から彦谷を改訂版―僕らが見た彦谷―』二〇〇六年。
・石川優『紀伊丹生川ダム事業の是非を問う』二〇〇一年。
・堀真一郎『きのくに子どもの村』ブロンズ新社、一九九四年。
・堀真一郎編『教育研究シンポジウム資料集　スコットランドの小さな自由学校』二〇〇四年。
・坂井宏先『ポプラディア　昔のくらし』ポプラ社、二〇〇五年。
・若森繁男『ちょっと昔の道具たち』河出書房新社、二〇〇一年。
・きのくに子どもの村中学校動植物研究所編『ちいさな谷のでっかい夢　ぼくらの泥んこ奮闘記　彦谷ビオトープの軌跡』二〇〇七年。
・林弥栄編『山渓カラー名鑑　日本の野草』山と渓谷社、一九八三年。
・林弥栄編『山渓カラー名鑑　日本の樹木』山と渓谷社、一九八五年。

・阿部永・石井信夫・金子之史・前田喜四雄・三浦慎悟・米田政明『日本の哺乳類』東海大学出版会、一九九四年。
・石井昇三・石田勝義・小島圭三・杉村光俊『日本産トンボ幼虫・成虫検索図説』東海大学出版会、一九八八年。
・和歌山県環境生活部環境生活総務課編『保全上重要なわかやまの自然―和歌山県レッドデータブック―』和歌山県環境生活部環境生活総務課、二〇〇一年。
・神坂次郎『紀州の方言』有馬書店、一九七〇年。
・林邦有編『橋本周辺のはなしことば』二〇〇二年。
・飯豊毅一・日野資純・佐藤亮一編『近畿地方の方言』国書刊行会、一九八二年。
・佐藤能丸・滝澤民夫監修『文化と流行の一〇〇年』ポプラ社、二〇〇五年。
・坂井宏先『総合百科辞典ポプラディア』ポプラ社、二〇〇二年。
・佐藤能丸・滝澤民夫監修『住まいと暮らしの一〇〇年』ポプラ社、二〇〇五年。
・国土交通省近畿地方整備局紀伊丹生川ダム調査所『暮らしの中の歴史や文化』二〇〇二年。
・梶井照陰『限界集落』有限会社ＦＯＩＬ、二〇〇八年。

・『橋本市史上下巻』橋本市、一九八〇年。
・佐藤能丸・滝沢民夫監修『産業の一〇〇年』ポプラ社、二〇〇五年。
・斉藤和枝『紀ノ川流域の―橋本市の年中行事と歌―』一九九二年。
・池上彰『そうだったのか！　日本現代史』集英社、二〇〇六年。

〈ウェブページ〉

・紀州大水害〔ウィキペディア〕
〈http://ja.wikipedia.org/wiki/紀州大水害〉
・スギは戦後、植林の主役：調べてみよう：子ども：教育〔YOMIURI ONLINE（読売新聞）〕
〈http://www.yomiuri.co.jp/kyoiku/children/study/20050826mi01.htm〉
・過疎物語〔全国過疎地域自立促進連盟〕
〈http://www.kaso-net.or.jp/〉
・モエレ沼公園〔財団法人札幌市公園緑化協会モエレ沼公園管理事務所〕
〈http://www.sapporo-park.or.jp/moere/index.php〉

おわりに

『山の村から世界がみえる―中学生たちの地域研究―』を最後まで読んでいただきありがとうございました。

この本は、わらじ組が約一年間かけてつくってきたものです。さいごに、私たち一人ひとりが思ったことを、ご紹介したいと思います。

中学一年　梅原知紀

ぼくは、過疎について書いた。本格的にパソコンをつかうのは初めてだったので、電源がとつぜん切れたり、データが消えたりしていろいろと大変だった。しかし、自分たちが住んでいる彦谷を調べることはとても興味深くて楽しいものだった。たとえば、彦谷のことを調べるときに区長さんに話をしてもらったのだが、はじめの頃は区長さんの方言がぜんぜんわからなかった。しかし、何度も話を聞きにいくと少しずつわかってきて、話がわかるようになったのが楽しかった。

今回、地方の村や山奥の村のことを調べるときに、かなり資料が少ないことに気づいた。「やっぱり山奥にある小さな村にはみんな興味がないのかなぁ」と複雑な気持ちで原稿を書いた。

この本が、彦谷に興味をもってもらえるような本になればいいなと思っている。

中学二年　井上裕樹

ぼくは、昔の道具と戦争中の彦谷を調べた。戦争中の彦谷の資料は十分あったので大丈夫だったのだが、彦谷で使っていた道具の資料はまったくなかった。だから、一般的な昔の道具の本などを見て調べることから始めた。そこに書いてあった道具が彦谷にあったかどうか区長さんに聞いていった。それを原稿にまとめて大人（きのくにでは先生といわないで大人という）に提出したら赤ペンでまっ赤になってかえってくる。それを繰り返してやっと完成した。完成したときはすごくうれしかった。時間はかかったけれど、調べれば調べるほどいろんなことがわかってくる。それがおもしろいと思った。

中学二年　瀧　雄渡

ぼくは、彦谷の食事と信仰と学校について書いた。彦谷の信仰や祭りを調べていくうちに、高野山のお寺や隅田のだんじり祭のこともわかってきた。たとえば、高野山は真言宗で繁栄していて世界遺産になっている。また、隅田のだんじり祭には若い人もたくさん参加していて、今でも地域の行事が残っている。このように、彦谷からそんなに離れていないのに、彦谷とはちがう文化をもっていてたいへん興味深いと思った。

また、人口の多い過密の地域や人口の少ない過疎の地域がたくさんあることを知った。ぼくは自然を壊しすぎない程度に過疎の地域を便利にして、過密の地域から移住してもらい、過疎の地域と過密の地域で人口のバランスが取れればよいと思う。

中学二年　中　三加子

私は、彦谷の昔の生活を調べた。調べていくうちに、彦谷の昔の生活ならではの知恵や工夫などを知って、とても驚いた。服の歴史など、日本全体の変遷と違うところもあり、照らし合わせてみるとおもしろかった。また、彦谷の方言についても調べた。区長さんにインタビューしたテープを何度も聞き、書き出していくのはとても大変な作業だった。でも、何度も聞いているうちに「あ、これはこういう意味だな」とわかってきた。ちょっぴり変わった方言もあって、おもしろかった。この本を読んで「彦谷ってこんなところなんだ」と楽しんで読んでいただけたらうれしい。

中学三年　岸岡かなみ

彦谷を調べていくうちに、本を出版するということはとても大変なことだと実感した。区長さんにインタビューをしたとき、ビデオを録画しながら、ノートにメモを取った。インタビューしたことを原稿にまとめるとき、何度もビデオやメモを確認して原稿を完成させた。雑誌などのインタビューもこのようにして原稿を作成しているのかと思い、とても貴重なことを体験できたと感じた。

この本をきっかけに、たくさんの人たちに彦谷を知ってもらいたい。本をつくってほんとうによかった。

中学三年　田中　希

調べていく中でいちばん苦労したこと、それは彦谷に関する資料がないことだった。わらじ組の先輩たちがつくった本もずいぶん参考にさせてもらったが、一から調べたことも多かった。調べ始めると疑問がつきない。いろんな人にインタビューさせてもらったので、自分の考えをまとめる作業にも苦労した。だけど、自分たちが調べたことがこの彦谷の大切な資料になって残るという充実感でいっぱいだった。この本を読んだ人に少しでも過疎などの問題を身近に感じてもらえたらとてもうれしい。

中学三年　深尾明加

彦谷を知らない人は多いと思う。だからこそ、彦谷の生活や文化を資料として残したい。それに、彦谷の生活などから見えた村の問題を知ることで、今の日本の問題に興味をもつきっかけになってほしい。それが、この本にかけている想いだ。

それにしても、本になるまでの道のりは長く険しかった。話し合いでは、内容が難しすぎてみんな黙りこくった。彦谷の資料はとても少なく、ほとんどの人が一から情報収集を始めた。だから、どの情報が本物の情報なのかわからず混乱した。原稿書きのときは、あっという間に書けてしまいそうなものでも、日によって書けないこともあり、そんなときは落ち込んだ。やっと、「書けた！」と思って持っていった原稿も大人の添削により真っ赤になって帰ってきてしまうこともあった。

とにかくたくさんのハードルがあった。でも、それだけの苦労をしたから、今この本は内容の濃い素敵な本になっている。この本をつくることで苦労することがどれだけ大事なのかを知ることができた。

この本をつくるにあたって村の人たちのインタビューを多く活用させていただきました。インタビューなくしてこの本は成り立ちません。本当にありがとうございました。

たくさんの方々のご協力がなければこの本は完成しませんでした。次に、感謝の気持ちをこめてお世話になった方々を紹介します。

彦谷区長　岡室猛彦さん

何時間も私たちに付き合ってたくさんお話をきかせてくださいました。ありがとうございました。区長さんなくしてこの本は成り立ちません。

東　隆子さん

家の写真を撮らせていただき、また昔の服の写真を貸してくださいました。それに、急なお話をこころよく引き受けてくださってありがとうございました。

動植物研究所のみなさん

自然の章を担当してくださり、ありがとうございました。動植物研究所のみなさんが引き受けてくれたおかげで、より詳しくおもしろい本になったと思います。

上川実結さん、岡室杜茂美さん、亀井瑞季さん、阪口礼さん、瀬島龍さん、詫摩希さん、田中顕司さん、担任の鈴木慶太さん、鈴木陽子さん、ありがとうございました。

わらじ組にいた方々

わらじ組の方々がつくった『山の中から彦谷を』『山の中から彦谷を改訂版』『わらじ八足』を十分に参考にさせていただきました。大原佑子さん、谷幸穂さん、浅野努さん、金野真理さん、松本富有樹さん、竹房美琴さん、宮澤優さん、松本直樹さん、篠原直斗さん、禰津匡人さん、竹房大登さん、中島多々楽さん、ありがとうございました。

橋本市役所

ゴミ処理場についてインタビューさせていただきました。また、彦谷の人口のデータをくださり、ありがとうございました。

石川　優さん

彦谷のダムの資料を提供していただき、とても参考になりました。ありがとうございました。

伊賀市柘植歴史民俗資料館

昔の道具の写真を撮らせてもらいました。ありがとうございました。

伊都振興局

いそがしいところ、林業についての質問に答えてくださり、たいへん助かりました。ありがとうございました。

わらじ組のかげの大人

原稿を書く上でさまざまなアドバイスをくれ、とても助かりました。添削してもらったり、本を貸してもらったり、いろいろなところに連れて行ってもらったり、一年間お世話になりました。堀真一郎さん、野口真理さん、西井智子さん、ありがとうございました。

今回、ご協力していただいた方々、本当にありがとうございました。

きのくに子どもの村中学校　わらじ組

山の村から世界がみえる——増補版　おわりに

最後まで『山の村から世界がみえる』の増補版を読んでくださり、ありがとうございました。

私はきのくにに入学して今年で十年目になります。それと同時に、彦谷村で生活するのも十年目になりました。

今回、わらじ組で村の方々にお話を聞いて考えてきて、自分自身で考えていた「彦谷村と学校」や「彦谷村と自分」が少し変わった気がします。

今回、彦谷村が私たちの学校にとってどれだけ大切かを考える機会になりました。

私が小学生の頃はよく、村の方に伝統の料理の作り方を教えてもらったりしました。これからは逆に、私たちが村を賑やかに明るくすることはまだまだできると考えています。

例えば、彦谷の特産の野菜をつくる、彦谷でもともとしていた養鶏を復活させる、鉱泉を利用して宿泊施設をつくる、運動会や入学、卒業式などのイベントに村の人を招待して参加してもらう、などたくさんあります。

彦谷の元区長さんは生前、村に花をいっぱい植えて「花の村」といわれるといいなとおっしゃっていました。

村の方は皆さん高齢者なので、雪かき後の道の整備なども私たちができることの一つだと思います。

このように私たちにはなにができるかを話し合っています。

二〇一九年度のわらじ組では、村の人の「車に乗れないと、足がなく町へ下りたくても下りられない」という声を聞いて、アイディアを出しました。私たちが通学時に使用しているバスに一緒に乗って、山を下りてもらえるようにするというものです。

私が中学校を卒業した後も、わらじ組の人たちは思いを引き継いで活動を進めてくれています。これからも、私たちやわらじ組だけではなく、みんなで「村のこと、学校のこと」を考えて、よりお互いが支えあっていけたらいいなと思います。

そして、村の「住人」は増えないかもしれないけれど、学校があることで「彦谷村」がこれからもずっと子どもの声が賑やかに聞こえる村であって欲しいと思います。

今回私たちがこの本を出版できたのは、たくさんの話を快く話してくださった彦谷村の方々、そして、たくさん支えてくれた「影の大人」の堀さんとまるちゃんのおかげです。本当にありがとうございました。

若月麻矢

『山の村から世界がみえる』執筆分担一覧

浅《あさ》野《の》　宏《ひろし》　第四章「山」
井《いの》上《うえ》裕《ひろ》樹《き》　第二章「道具」「戦争中の彦谷」
梅《うめ》原《はら》知《とも》紀《き》　第五章「過疎」
上《うえ》川《かわ》実《み》結《ゆ》　第四章「山」
岡室《おかむろ》杜《と》茂《も》美《み》　第四章「川」
亀《かめ》井《い》瑞《みず》季《き》　第四章「田んぼ」
岸岡《きしおか》かなみ　第二章「家」，第三章「結婚式」「葬式」「祭り」「方言」
阪《さか》口《ぐち》　礼《れい》　第四章「田んぼ」
瀬《せ》島《じま》　龍《りゅう》　第四章「川」
瀧《たき》　雄《ゆう》渡《と》　第二章「食事」「学校」，第三章「信仰」
詫《たく》摩《ま》　希《のぞみ》　第四章「川」
田《た》中《なか》顕《けん》司《じ》　第四章「田んぼ」
田《た》中《なか》　希《まれ》　第一章，第五章「ゴミ処理場」「ダム」，第六章
中《なか》　三《み》加《か》子《こ》　第二章「服」「警察」「病院」「消防」，第三章「方言」
深《ふか》尾《お》明《はる》加《か》　第二章「仕事」「交通」「災害」

指導：堀真一郎，西井智子，野口真理

第７章（増補箇所）執筆者一覧

ハムリン莉《り》咲《さ》　「村が生き残るためには学校が……」
出《で》口《ぐち》真《ま》理《り》子《こ》　「山の値打ちが下がって村が寂《さび》しくなる」
若《わか》月《つき》麻《ま》矢《や》　「過疎の村の振興のために」

増補版指導：堀真一郎，丸山裕子

監修者

堀真一郎

1943年福井県勝山市生まれ。1966年京都大学教育学部卒業。同大学大学院博士課程を中退して大阪市立大学助手。同教授（教育学）。大阪市立大学学術博士。ニイル研究会および新しい学校をつくる会の代表をつとめ，1992年４月，和歌山県橋本市に学校法人きのくに子どもの村学園を設立。1994年に大阪市立大学を退職して，同学園の学園長に専念し現在に至る。

著　者

きのくに子どもの村中学校　わらじ組

〒648-0035　和歌山県橋本市彦谷51
Tel.0736-33-3370　Fax.0736-33-3043
http : //www.kinokuni.ac.jp/
e-mail : info@kinokuni.ac.jp

増補《ぞうほ》　山《やま》の村《むら》から世界《せかい》がみえる

2019年７月１日　　初版発行

監修者　堀《ほり》 真《しん》 一《いち》 郎《ろう》
著　者　きのくに子《こ》どもの村中学校《むらちゅうがっこう》わらじ組《ぐみ》
発行者　武 馬 久 仁 裕
印　刷　藤 原 印 刷 株 式 会 社
製　本　協 栄 製 本 工 業 株 式 会 社

発行所　株式会社　黎《れい》 明《めい》 書《しよ》 房《ぼう》

〒460-0002 名古屋市中区丸の内3-6-27　EBS ビル
☎052-962-3045　FAX 052-951-9065　振替・00880-1-59001
〒101-0047 東京連絡所・千代田区内神田1-4-9　松苗ビル４階
☎03-3268-3470

落丁本・乱丁本はお取替えします。　ISBN978-4-654-02318-9